HEYNE BÜCHER
SACHBUCH

Schriften aus dem Nachlaß · Band 8
Herausgegeben von Rainer Funk

Erich Fromm

Humanismus als reale Utopie

Der Glaube an den Menschen

Herausgegeben von Rainer Funk

WILHELM HEYNE VERLAG
MÜNCHEN

HEYNE SACHBUCH
Nr. 19/5057

Übersetzung aus den amerikanischen Originalmanuskripten
von Rainer Funk

Umwelthinweis:
Dieses Buch wurde auf chlor- und säurefreiem Papier gedruckt

Ungekürzte Taschenbuchausgabe
im Wilhelm Heyne Verlag GmbH & Co. KG, München

Printed in Germany 1996
Umschlagillustration: Archiv für Kunst und Geschichte, Berlin
Umschlaggestaltung: Atelier Adolf Bachmann, Reischach
Druck und Verarbeitung: Presse-Druck Augsburg

ISBN 3-453-09900-1

Ich glaube, daß niemand seinen Nächsten dadurch „retten" kann, daß er für ihn eine Entscheidung trifft. Die einzige Hilfe besteht darin, daß er ihn in aller Aufrichtigkeit und Liebe sowie ohne Sentimentalität und Illusionen auf mögliche Alternativen hinweisen kann.

Die echte Alternative zu Realismus und Utopismus erwächst aus dem Syndrom von Denken, Erkenntnis, Vorstellungsvermögen und Hoffnung. Dieses befähigt den Menschen, die realen Möglichkeiten zu sehen, deren Keime bereits vorhanden sind.

* * *

Voraussetzungen für seelische Gesundheit und das Überleben der Zivilisation sind eine Wiederbelebung des Geistes der Aufklärung, eines rücksichtslos kritischen und wirklichkeitsnahen, jedoch von seinen überschwenglich optimistischen und rationalistischen Vorurteilen befreiten Geistes, und zugleich die Wiederbelebung humanistischer Werte, die nicht gepredigt, sondern im persönlichen und gesellschaftlichen Leben realisiert werden.

Ich glaube, daß der einzelne so lange nicht mit seiner Menschheit in sich in engen Kontakt kommen kann, solange er sich nicht anschickt, seine Gesellschaft zu transzendieren und zu erkennen, in welcher Weise diese die Entwicklung seiner menschlichen Potentiale fördert oder hemmt. Kommen ihm die Tabus, Restriktionen, entstellten Werte ganz „natürlich" vor, dann ist dies ein deutlicher Hinweis darauf, daß er keine wirkliche Kenntnis der menschlichen Natur hat.

Ich glaube, daß die Verwirklichung einer Welt möglich ist, in der der Mensch viel „sein" kann, selbst wenn er wenig „hat".

Inhalt

Vorwort

Wer versucht, den „roten Faden“ im Frommschen Werk zu benennen, der sich durch sein gesamtes literarisches Schaffen zieht, wird zuerst auf seinen sozialpsychologischen Denkansatz stoßen, mit dem er die gesellschaftlich geprägten leidenschaftlichen Strebungen des Menschen aufspürte. Doch spätestens Ende der dreißiger Jahre wird im Zusammenhang mit seinem Ausscheiden aus dem Institut für Sozialforschung und den Auseinandersetzungen mit Horkheimer, Marcuse und Adorno noch etwas anderes, unverkennbar Frommsches sichtbar: sein humanistisches Menschen- und Weltbild. Dieses manifestiert sich in einem gelebten Glauben an den Menschen, der weder durch den Holocaust noch durch die atomare Hochrüstung zerstört wurde. Wann immer Fromm sein eigenes Denken kennzeichnen will, gebraucht er das Attribut „humanistisch“. Er spricht von einer humanistischen Wissenschaft vom Menschen, vom humanistischen Sozialismus, von der humanistischen Industriegesellschaft, vom humanistischen Gewissen, von der humanistischen Religion, vom humanistischen Management, von der humanistischen Weltanschauung, von der humanistischen Psychoanalyse, vom humanistischen Charakter, von der humanistischen Ethik und von der humanistischen Utopie.

Genau dieser humanistische Glaube an den Menschen führt bei der Beurteilung des Frommschen Denkens oft zur „Scheidung der Geister“: Wie kann Fromm, der die unheilvollen Auswirkungen der Selbstentfremdung des Menschen mit solcher Klarheit erkannt hat und sie aus den sozial-ökonomischen Verhältnissen unserer industriellen Kultur erklärt, gleichzeitig aber jede Erlösung von außerhalb nur als Ausdruck der Selbstentfremdung demaskiert – wie kann Fromm da noch an den Menschen glauben?

Die Beiträge dieses letzten Bandes der Schriften aus dem Nachlaß geben Antwort auf diese Frage, indem sie beides tun: Sie zeigen das ganze Ausmaß der destruktiven und heillosen Selbstentfremdung des Menschen von heute; gleichzeitig sprechen sie aber auch von den realen Möglichkeiten, die zum Glücken des Menschen führen können. Es gibt so lange eine „reale" Utopie, solange der Mensch wenigstens noch ansatzweise einen Zugang zu seinen wachstumsfördernden Eigenkräften hat.

Ausgangspunkt des Frommschen Humanismus ist der durch die Einsichten der Psychoanalyse ermöglichte Glaube, daß das Unbewußte den ganzen Menschen und die ganze Menschheit repräsentiert. Das Unbewußte enthält das ganze Spektrum möglicher Antworten, und es kommt sehr darauf an, welche Möglichkeiten gefördert und welche gehemmt und verdrängt werden. Grundsätzlich aber hat „der Mensch in einer jeden Kultur alle Möglichkeiten: Er ist der archaische Mensch, das Raubtier, der Kannibale, der Götzendiener, und er ist zugleich das Wesen mit der Fähigkeit zu Vernunft, Liebe und Gerechtigkeit." Da es den Menschen nicht anders denn als gesellschaftliches Wesen gibt, entscheidet die besondere Art von Gesellschaft, in der ein Mensch lebt, welche Möglichkeiten bevorzugt werden. Jede Gesellschaft formt die Energien der Menschen derart, daß sie das tun wollen, was sie zum Funktionieren der Gesellschaft tun müssen. „So werden die Bedürfnisse der Gesellschaft in persönliche Bedürfnisse verwandelt, sie werden zum ‚Gesellschafts-Charakter'." (E. Fromm, 1963f., GA IX, S. 9f.)

Jede Gesellschaft fördert aber nicht nur bestimmte Möglichkeiten, die im Unbewußten des Menschen zur Verfügung stehen, indem sie diese bewußt macht und sich der einzelne mit ihnen identifiziert, es werden auch Möglichkeiten und Neigungen unterdrückt und verdrängt, die den gesellschaftlichen Verhaltensmustern – dem Gesellschafts-Charakter – widersprechen. So kommt es, daß „unser Bewußtsein hauptsächlich unsere eigene Gesellschaft und Kultur (widerspiegelt), während unser Unbewußtes den universalen

Menschen in einem jeden von uns repräsentiert" (E. Fromm, 1964a, GA II, S. 223).

In seinem Unbewußten erlebt der Mensch die ganze Menschheit und sich „als Sünder und Heiligen, als Kind und als Erwachsenen, als geistig Gesunden und als Geistesgestörten, als Mensch der Vergangenheit und als Mensch der Zukunft" (E. Fromm, 1964a, GA II, S. 223.) Diesem Umstand ist es zu verdanken, daß der Humanismus seine Letztbegründung in der humanistischen Erfahrung, das heißt in der humanisierenden und produktiven Wirkung des Bewußtmachens des Unbewußten hat. „Diese humanistische Erfahrung besteht in dem Gefühl, daß mir nichts Menschliches fremd ist, daß ‚ich du bin', daß ich ein anderes Wesen deshalb verstehen kann, weil beide die gleichen Elemente menschlicher Existenz gemeinsam haben... Die Erweiterung der Selbst-Wahrnehmung, die Transzendierung des Bewußtseins und die Durchleuchtung der Sphäre des gesellschaftlichen Unbewußten wird dem Menschen die Möglichkeit geben, in sich die ganze Menschheit zu erleben." (A.a.O.)

Mit der Erkenntnis, daß das Unbewußte unabhängig vom gesellschaftlich Bewußten und Verdrängten den ganzen Menschen mit all seinen Möglichkeiten repräsentiert, begründet Fromm also nicht nur theoretisch den humanistischen Glauben an die Einheit des Menschen; sobald ein Mensch sich auf sein Unbewußtes einläßt, sich seines Unbewußten bewußt wird und also seine anderen Möglichkeiten in Erfahrung bringt, entfaltet er sich, wächst er und macht er die paradoxe und produktive – oder wie Fromm gerne auch sagt: die humanistische Erfahrung, daß er vernünftig und liebend zur Welt und zum Menschen bezogen sein kann, weil ihm nichts Fremdes mehr wirklich fremd ist. Nur im Sich-Einlassen auf das Unbewußte, auf den ganzen Menschen in mir, in der Verwirklichung meiner Individualität, komme ich zum Erleben des universalen Menschen, denn „nur das ganz entwickelte individuelle Selbst kann das Ego aufgeben" (E. Fromm, 1962a, GA IX, S. 154).

Das, was Fromm ganz besonders am Humanismus interessiert, was ihn dazu veranlaßt, so häufig das Attribut „humanistisch" zu gebrauchen und warum er eine Renaissance des Humanismus fordert, hat mit dieser humanistischen Erfahrung zu tun. Ihm geht es um das Humanistische im Sinne der Entfaltung der liebenden und vernünftigen Eigenkräfte des Menschen, um eine humanistische Orientierung und Haltung, wie er sie innerhalb seiner Charakterologie mit dem Begriff der Produktivität und der produktiven Orientierung, der Biophilie und Orientierung am Sein verdeutlicht hat. Je mehr der Mensch sich selbst als Autor, Akteur, Subjekt seines Lebens erfährt und also er selbst es ist mit seinen eigenen *Kräften, der denkt, fühlt und handelt, entwickelt er auch seine Kräfte der Vernunft und der Liebe, mit denen er ganz bei der Welt und beim anderen Menschen sein kann, ohne sich selbst zu verlieren.*

Die einzelnen Beiträge dieses Bandes entstanden in den letzten zwanzig Lebensjahren Erich Fromms. Diese waren sowohl von der Einsicht in das ganze Ausmaß der Selbstentfremdung des Menschen gekennzeichnet wie durch einen bis zum letzten Atemzug ungebrochenen Glauben an den Menschen. Den Beiträgen liegen Vorträge (vor allem im 1. Kapitel) und Manuskripte zugrunde, die Fromm zu speziellen Anlässen formuliert hat (vor allem im 2. Kapitel, das humanistische Initiativen und Bekenntnisse enthält) oder als Buchmanuskripte verfaßte (wie im abschließenden 3. Kapitel zur realen Utopie der Orientierung am Sein nach Meister Eckhart und Karl Marx). – Die Zusammenstellung der Texte, ihre Zuordnung und Gliederung sowie die meisten Überschriften besorgte der Herausgeber. Editorische Hinweise zur Entstehung der jeweiligen Manuskripte sind den Beiträgen in kursiver Schrift vorangestellt. Auslassungen und Hinzufügungen sind, wie in allen Nachlaßschriften, durch eckige Klammern kenntlich gemacht.

Mit Band 8 der Nachlaßschriften sind die Veröffentlichungen aus dem Nachlaß im wesentlichen abgeschlossen. Zusammen mit der zehnbändigen Gesamtausgabe, die 1980/81 bei der Deutschen Verlags-Anstalt und 1989 als Studienausgabe beim Deutschen Ta-

schenbuch Verlag erschien, stellen die acht Nachlaßbände das gesamte Denken Fromms umfassend dar. Daß es ohne öffentliche Förderung zur Herausgabe der nachgelassenen Schriften Fromms kommen konnte, ist das Verdienst des Beltz Verlags. Hier möchte ich insbesondere Ulrike Reverey im Lektorat für ihre stets kompetente und engagierte Hilfe und für die immer gute Zusammenarbeit danken. Danken möchte ich aber auch jenen, die bei der Übersetzung der Manuskripte mitgeholfen haben, sowie Gisela Haselbacher und Peter Wriedt, die nicht müde wurden, Korrektur zu lesen und Verbesserungsvorschläge zu machen. Daß es möglich war, diese acht Bände innerhalb von vier Jahren neben der psychoanalytischen Praxis und zahlreichen anderen Tätigkeiten herauszugeben, verdanke ich nicht zuletzt meiner Frau, Renate Oetker-Funk, die mir neben anderem vor allem eine unersetzbare Hilfe bei der Korrektur der Übersetzung war.

Tübingen, im Juli 1992 *Rainer Funk*

I. Humanismus als Überlebenschance

1. Der moderne Mensch und seine Zukunft (Vortrag aus dem Jahr 1961)

Vom 6. bis 11. September 1961 fand in Düsseldorf ein „Internationaler Kongreß für Psychoanalyse und ihre Weiterentwicklungen" statt. Zu seinen Initiatoren gehörten neben Fromm eine Reihe nicht-orthodoxer Psychoanalytiker aus Deutschland (hier vor allem W. Schwidder, F. Heigl und F. Riemann von der Deutschen Psychoanalytischen Gesellschaft), aus den Niederlanden (A. J. Westerman-Holstijn), der Schweiz (H. Binswanger und M. Boss von der „Daseinsanalyse") und den USA (G. Chrzanowski, H. Stierlin). Fromm hielt vor etwa 300 „nicht-orthodoxen" Psychoanalytikern am 6. September 1961 einen Fachvortrag über die „Grundpositionen der Psychoanalyse", der in der Gesamtausgabe veröffentlicht wurde (E. Fromm, 1966b). Ein zweiter, öffentlicher Vortrag Fromms fand am 9. September 1961 statt. Er trug den Titel „Der moderne Mensch und seine Zukunft". Dieser hier erstmals veröffentlichte Vortrag in deutscher Sprache enthält Fromms Zeitdiagnose zu Beginn der sechziger Jahre, noch bevor er den Begriff der „Nekrophilie" entwickelt hatte. – Der vorliegende Text orientiert sich am Mitschnitt des Vortrags. Der Vortrag wurde von Fromm weitgehend ohne Manuskript gesprochen. Die sprachlichen Unsicherheiten Fromms (bezüglich Satzbau, Grammatik usw.) sowie mannigfache Amerikanismen – seit vielen Jahren hatte Fromm nicht mehr deutsch vorgetragen – machten manche redaktionellen Eingriffe in den Text notwendig.

Heute [im Jahr 1961] über das Thema „Der moderne Mensch und seine Zukunft" zu sprechen, heißt nicht nur, danach zu fragen, was die Zukunft des Menschen sein wird, sondern auch, ob der Mensch überhaupt eine Zukunft haben wird. Zugleich bezieht sich diese Zukunftsfrage nicht nur auf den modernen Menschen und seine Zivilisation; angesichts der wachsenden Zerstörungskraft der Atomwaffen geht es um das Leben des Menschen auf dieser Erde überhaupt. Daß man eine solche Frage stellen muß, geschieht in der Geschichte des Menschen sicher zum ersten Mal. Die Atombombe ist das schwerste Krankheitssymptom der modernen Gesellschaft.

Was meine ich mit dem „modernen" Menschen? Damit kann entweder der Mensch von heute – also alle Menschen des 20. Jahrhunderts – gemeint sein. Mit der Kennzeichnung „modern" kann aber auch der Mensch in den westlichen Industrieländern im Unterschied zu den Menschen in Asien, Afrika und in den nicht-industrialisierten Teilen der Welt gemeint sein. Bei der Nachfrage, was ich unter dem „modernen" Menschen verstehe, wird deutlich, daß sich auch hier zum ersten Mal etwas in der historischen Situation geändert hat: Die Menschen der nicht-industrialisierten Länder gleichen sich mit zunehmender Schnelligkeit dem Menschen des Westens an. Der westliche Mensch hat seine Technik und bestimmte Ideen in die noch nicht industrialisierten Länder exportiert. Weil aber der Westen seine Macht über die Welt, die er für Jahrhunderte innehatte, zu verlieren scheint oder schon verloren hat, ist er dabei, die ganze Welt im Sinne seiner eigenen westlichen Entwicklung zu verwandeln.

Wenn ich von der eigenen westlichen Entwicklung spreche, dann meine ich damit in erste Linie die westliche Technik und Industrie, sowie den westlichen Gedanken des historischen Fortschritts und eines historischen Ziels. Diese haben sich im Osten oft in Form eines pervertierten Marxismus und Sozialismus eingebürgert. Zur Entwicklung des Westens gehört auch der Nationalismus, der ein relativ junges westliches Produkt ist.

Vielleicht geschieht heute etwas Ähnliches wie damals, als das Christentum von Rom aus auf ein heidnisches Europa aufgepfropft wurde. Zwar verlor Rom seine politische Macht, doch es lagerte seine Kultur, seine Ideen, seine Organisationsformen in einen fremden Boden ein. Dieser Boden war damals vergleichsweise noch viel primitiver, als heute die vorindustrialisierten Völker im Vergleich zum Westen sind.

a) Etappen der Entwicklung des westlichen Menschen

Im Rahmen eines Vortrags einen Gesamtüberblick über die wichtigsten Etappen der westlichen Entwicklung zu geben, kann hier nur andeutungsweise und schematisch geschehen, doch ist er zum Verständnis des Nachfolgenden eine unerläßliche Voraussetzung.

(1) Die erste Etappe der Entwicklung des westlichen Menschen umfaßt den Zeitraum von etwa 1500 vor Christus bis zur christlichen Zeitrechnung. Sie ist durch die große Wendung des Menschen vom Götzendienst zur humanistischen Religion gekennzeichnet. Ich werde noch im einzelnen darauf zurückkommen, was ich unter „Götzendienst" verstehe; hier möchte ich nur sagen, daß ich unter Götzendienst jene Form der Einheitssuche des Menschen mit der Welt verstehe, bei der der Mensch zur Natur, zu seiner eigenen „Tierheit", dadurch zurückkehrt, daß er sich unterwirft. Er unterwirft sich der Natur, dem Werk seiner Hände (in Form von Götzen aus Gold und Silber oder Holz) oder er unterwirft sich anderen Menschen.

Die Wende vom Götzendienst zur humanistischen Religion beginnt vermutlich mit der religiösen Revolution von Echnaton und setzt sich dann fort in der mosaischen Religion, im Taoismus, im Buddhismus und in der klassischen Epoche der griechischen Philosophie. Alle diese Entwicklungen zielen auf eine Erlösung des Menschen, bei der der Mensch eine neue Einheit nicht mehr regressiv wie in den primitiven Religionen des Totemismus oder des Anemismus über Naturgötter und von seiner Hand gemachte Götzen sucht, sondern indem er vorwärtsschreitet und eine neue Einheit mit der Welt in der vollen Entfaltung des Menschen findet. Mit der Wende zur humanistischen Religion während dieser fünfzehnhundert Jahre, die, historisch gesehen, nicht mehr sind als – um mit dem Psalmisten zu reden – eine Wache in der Nacht, ist die erste Etappe in der Entwicklung zum westlichen Menschen genommen.

(2) Die zweite Etappe spiegelt sich in der Vorstellung einer historischen Erlösung wider, wie man sie im prophetischen Messianismus findet. Der prophetische Messianismus entwickelte – sehr einfach dargestellt – folgende Idee: Im Paradies war der Mensch noch eins mit der Natur, aber er war – wie das Tier – ohne Bewußtsein seiner selbst. Im Akt des Ungehorsams gegen den Befehl Gottes, beziehungsweise in der Fähigkeit des Menschen, Nein zu sagen, wird der Mensch sich seiner selbst gewahr und macht den ersten Schritt in die Freiheit. Mit ihm wird zum ersten Mal menschliche Geschichte gesetzt. Die ursprüngliche Harmonie des Menschen mit der Natur ist zerbrochen. Der Mensch ist aus dem Paradies vertrieben und wird von zwei Engeln mit feurigen Schwertern daran gehindert, wieder zurückzukehren.

Nach prophetisch-messianischer Auffassung ist die Geschichte in einem umfassenden Sinne Heilsgeschichte: Sie ist die Geschichte der Entfaltung des Menschen zu seiner Menschlichkeit, der Entfaltung seiner spezifisch menschlichen Eigenschaften der Vernunft und der Liebe. Wenn der Mensch sich ganz und voll entfaltet hat, dann findet er eine neue Harmonie, die Harmonie des entfalteten, vernünftigen, sich seiner selbst bewußten, liebenden Individuums, das wieder eins mit der Welt wird und doch es selbst ist. Die neue Harmonie ist die alte Harmonie, aber auf einer neuen

Stufe. Sie ist eine Harmonie, aber doch eine ganz andere als die, bevor der Mensch sich vom Paradies getrennt hat.

(3) Im Christentum wird, historisch gesehen, diese neue prophetisch-messianische Vorstellung der Heilsgeschichte vom Boden Palästinas aus auf Europa übertragen. Dabei wird seine Form – die Form der prophetisch-messianischen Vorstellung – in mancher Weise geändert. Die wichtigste Änderung besteht darin, daß die Erlösung des Menschen, die Veränderung der Menschheit, nicht innerhalb der Geschichte stattfindet, sondern die Geschichte transzendiert. Das Reich Gottes wird nicht wie bei den meisten Propheten im messianischen Sinne – nämlich als Veränderung *dieser* Welt – verstanden, sondern als die Errichtung einer neuen spirituellen Welt, die diese Welt transzendiert. Trotz dieser Änderung ist die christliche Heilslehre eine Fortsetzung des Gedankens des prophetischen Messianismus und unterscheidet sich in diesem Sinne von anderen Heilslehren, etwa des Buddhismus, weil für sie das Heil immer ein kollektives Heil, eine Erlösung der Menschheit ist, und nicht nur eine Erlösung des einzelnen. Auch wenn die christliche Heilslehre die messianische Idee der Erlösung in einem entscheidenden Punkt verändert, weil aus der historischen eine transhistorische Erlösung wird, so muß doch betont werden, daß die Geschichte des Christentums auch immer wieder der historischen Befreiung des Menschen Auftrieb gegeben hat – speziell in den vorreformatorischen und den nachreformatorischen christlichen Sekten.

(4) Die Botschaft des Evangeliums, die Frohe Botschaft, wird historisch in den Strom der katholischen Kirche geleitet. Hier, in der katholischen Kirche, vollzieht sich eine Verbindung, die von großer historischer Bedeutung war: Der jüdische Heilsgedanke des prophetischen Messianismus verbindet sich mit dem griechischen Gedanken der Wissenschaft, der Theorie. Diese Verbindung des prophetisch-messianischen Heilsgedankens mit dem griechischen

Denken – philosophisch von Aristoteles und Platon repräsentiert – bildet etwas Neues, das in Europa über tausend Jahre lang heranreift. Dieses Heranreifen dauert vom Ende des heidnischen Roms [im 4. Jahrhundert] bis zum Ende des europäischen Mittelalters. Für ungefähr tausend Jahre ist Europa schwanger mit griechisch-römischem und jüdisch-christlichem Erbgut. Nach tausend Jahren wird aus dem Schoße Europas etwas Neues geboren: die moderne Gesellschaft.

(5) Die moderne Gesellschaft beginnt mit der Renaissance. Die Renaissance ist nach der berühmten Charakterisierung, die Carl Jacob Burckhardt gegeben hat, durch die Entdekkung des Individuums und der Natur gekennzeichnet. Vielleicht müßte man statt „Entdeckung" genauer „Neuentdeckung" sagen, denn sie ist die Wiedergeburt von vielem, was die griechische und römische Antike über den Menschen und über die Natur gefühlt hat. Auch war die Renaissance die Geburt einer neuen Wissenschaft. Weiterhin nahm die Renaissance die messianisch-prophetische Vision in einer neuen Form – in der Form der Utopie – auf. Hat der prophetische Messianismus die vollendete Gesellschaft, die gute, menschliche Gesellschaft am Ende der Tage gesehen, sieht die Renaissance-Utopie die gute Gesellschaft am Ende des Raums, irgendwo in einem noch nicht entdeckten Raumteil der Erde. Hier sind die Utopien von Thomas Morus, der das Wort „Utopie" für diese Art der Vision geschaffen hat, von Tommasso Campanella, von dem deutschen Johann Valentin Andreä zu nennen. Von der Renaissance bis zum Ende des 19. Jahrhunderts kann das westliche Denken neben vielem anderen [dadurch] charakterisiert werden, daß in ihm die Utopie als spezielle Version der messianischen Vision einen zentralen Platz innehat. Das gilt in Wirklichkeit auch für Karl Marx, nur daß sich Marx immer gegen die Utopie gewehrt hat und ihr nie den positiven Ausdruck gegeben hat, den die großen Utopienschreiber ihr gegeben haben. [...]

Der Mensch der Renaissance wird sich seiner Kraft bewußt und beginnt, sich von den Fesseln der Natur zu lösen und sie zu beherrschen. Die neue Wissenschaft und das neue Lebensgefühl führen im Laufe der folgenden Jahrhunderte zur Weltentdeckung, zu einer neuen Technik und Industrie und zur Weltbeherrschung. Im 17. und 18. Jahrhundert kommt der neue Humanismus zu seinem Höhepunkt. Das westliche Denken ist auf den Menschen, auf die Menschheit und auf die Menschlichkeit zentriert. Im religiösen Fühlen treten die theistischen Konzepte zurück, obwohl das religiöse Erlebnis als Realität ebenso stark ist, wie es nur im 13. Jahrhundert gewesen war. Der amerikanische Historiker Carl L. Becker hat mit Recht betont, das 18. Jahrhundert sei nicht weniger religiös gewesen als das 13. Jahrhundert, auch wenn das 18. Jahrhundert das gleiche religiöse Erleben in einer anderen Sprache und in anderen Begriffen ausgedrückt hat.

Das 19. Jahrhundert schien das Zeitalter der Erfüllung nahezubringen: den neuen Menschen, der vom Ende des Mittelalters bis zum 19. Jahrhundert herangereift war. Das Zeitalter der Erfüllung sollte den Menschen bringen, der die Natur beherrscht, den Krieg abschaffen wird, der einen materiellen Wohlstand – als Mittel zur menschlichen Entfaltung – schafft. Die Erfüllung der messianischen Vision der guten Gesellschaft, der menschlichen Gesellschaft, schien im 19. Jahrhundert heranzureifen. Bis zum Ersten Weltkrieg war die europäische Menschheit von dem Glauben an die Erfüllung dieser Hoffnungen und Vorstellungen beherrscht. Diese hatten von der Zeit der Propheten bis zum 19. Jahrhundert niemals ihre Kraft und ihren Einfluß verloren.

Was ist inzwischen geschehen? Was ging mit dem westlichen Menschen in den letzten 60 Jahren vor? Es gab zwei Weltkriege, es gab die Unmenschlichkeit des Hitlersystems und des Stalinismus, und es gibt die unmittelbare Gefahr der totalen Ausrottung des Menschen. Hatte der Mensch jahrhundertelang auf die Zukunft gehofft, so hat er seit 1914 die Hoffnung fast aufgegeben.

Ich habe vom Geborenwerden neuer Gesellschaften gesprochen. Fast möchte ich sagen, der Mensch des 20. Jahrhunderts scheint eine Fehlgeburt zu sein. Was ist geschehen, daß in dem Augenblick, in dem der Mensch am Krönungspunkt seiner historischen Anstrengungen zu stehen schien, alles zu versagen scheint?

Wir wissen einiges über die Entwicklung, die dazu geführt hat. Was im 19. Jahrhundert begann, setzte sich im 20. Jahrhundert mit immer größerer Intensität und Schnelligkeit fort: Das Wachstum des modernen industriellen Systems führte zu immer mehr Produktion und gesteigertem Konsumverhalten. Der Mensch wurde zum Ansammler und Verbraucher. Das zentrale Erlebnis in seinem Leben wurde mehr und mehr: Ich *habe* und ich *benutze*, und immer weniger: Ich *bin*. Dabei wurden die Mittel, nämlich der materielle Wohlstand, die Produktion, die Schaffung von Gütern zu *Zwecken*, obwohl sie einst nichts anderes als Mittel für ein besseres und menschenwürdigeres Leben waren.

Die natürlichen Bande der Solidarität und Gemeinschaft lösten sich auf, ohne daß neue gefunden wurden. Der moderne Mensch ist allein und ängstlich. Er ist frei, aber er fürchtet sich zugleich vor dieser Freiheit. Er lebt – wie der große französische Soziologe Émile Durkheim formulierte – in der Anomie. Er ist durch Zerspaltenheit oder Verworfenheit gekennzeichnet, die aus ihm eben kein Individuum, sondern ein Atom macht und ihn nicht mehr individualisiert, sondern atomisiert. „Atom" und „Individuum" bedeuten ja das gleiche; das erste Wort kommt aus dem Griechischen, das zweite aus dem Lateinischen. Die Bedeutung, die die Worte in unserer Sprache bekommen haben, ist jedoch gegensätzlich. Der moderne Mensch hoffte, ein

Individuum zu werden, in Wirklichkeit wurde er zu einem hin- und hergeworfenen ängstlichen Atom.

Die Kategorien des industriellen Systems sind Bilanz, Quantifizierung und Buchführung. Die Frage lautet immer: Was lohnt sich? Was bringt Profit? So zu fragen, ist im Bereich der industriellen Produktion notwendig. Doch das Prinzip der Buchführung, der Bilanz und des Profits wurde zugleich auf den Menschen übertragen und hat sich von der Wirtschaft auf das menschliche Leben überhaupt ausgedehnt. Der Mensch wird zu einem Unternehmen; sein Kapital ist sein Leben, und seine Aufgabe scheint zu sein, dieses Kapital möglichst gut zu investieren. Ist es gut investiert, dann hat er Erfolg. Investiert er sein Leben schlecht, dann ist er erfolglos. Auf diese Weise wird er selbst zu einem Ding, zu einer Sache. Wir können uns aber an der Erkenntnis nicht vorbeimogeln: Wenn der Mensch zur Sache wird, ist er tot, auch wenn er – physiologisch gesehen – noch lebt. Ist der Mensch aber seelisch tot, obwohl er physiologisch noch lebt, dann ist er dem Verfall anheimgegeben und wird gefährlich – gefährlich für sich und gefährlich für andere.

Gewiß unterscheiden sich die Menschen des 19. Jahrhunderts erheblich von denen des 20. Jahrhunderts. Der Mensch des 19. Jahrhunderts war ein Individualist; er war gewöhnt, Autorität zu akzeptieren oder aber gegen die Autorität zu rebellieren. Samuel Butlers Roman *Weg des Fleisches* [1929] ist eine schöne Illustration für die Rebellion des gegen die Autorität in Familie und Staat kämpfenden Menschen des 19. Jahrhunderts. Der Mensch des 19. Jahrhunderts spürte die moralische Pflicht zu sparen und anzusammeln. Wie so oft hatte auch diese moralische Idee ihre Grundlage in der Produktionsmethode der Gesellschaft des 19. Jahrhunderts. Es war wichtig, Kapital zu akkumulieren.

Gegen gewisse Eigenschaften, die im 19. Jahrhundert noch

eine große Rolle spielten, kam im 20. Jahrhundert immer mehr Kritik auf. Jetzt geht es nicht mehr primär um das Konkurrieren der Menschen untereinander und um jenen Antagonismus, der aus dem Konkurrenzgeist kommt. Ganz im Gegenteil, die Menschen werden zu einem Team, zu einer gut geölten Gruppe, die reibungslos zusammenarbeitet, weil nur so die großen Unternehmen funktionieren. Die moderne Industrie und die Wirtschaft haben sich faktisch so entwickelt, daß sie als Erfordernis zu ihrem Funktionieren den Menschen brauchen, der zum Verbraucher wird, der möglichst wenig Individualität besitzt und der bereit ist, einer anonymen Autorität zu gehorchen, wobei er der Illusion erliegt, frei zu sein und keiner Autorität zu unterliegen.

Der moderne Mensch sucht sozusagen bei der Großen Mutter des Betriebs oder des Staats Zuflucht und wird zum ewigen Säugling, der doch nie zufrieden sein kann, weil er seine Möglichkeiten als Mensch nicht entwickelt. Daß er nicht glücklich ist, sah man bereits im 18. Jahrhundert besonders in Frankreich. Die Worte zur Beschreibung dieses Zustandes sind denn auch charakteristischerweise französisch: Man spricht von *la maladie du siècle* und von *la malaise*, um das Unwohlsein in einer Welt, die immer atomisierter und immer sinnloser wird, zu kennzeichnen. Charakteristisch ist auch, wie Émile Durkheim gezeigt hat, daß der Beginn des Selbstmords als eines Massenphänomens mit dieser Atomisierung des Menschen und mit dem Sinnloswerden seiner Existenz zu tun hat.

b) Die Entfremdung als Krankheit des modernen Menschen

Ich möchte nun etwas ausführlicher darauf eingehen, was meiner Meinung nach der entscheidende Punkt bei dieser *malaise*, bei dieser *maladie du siècle* ist. Der zentrale Punkt bei der Krankheit, an der der moderne Mensch leidet, ist die

Entfremdung. Nachdem der Begriff der Entfremdung für Jahrzehnte in Vergessenheit geraten war, ist er in letzter Zeit wieder populär geworden. Hegel und Marx gebrauchten ihn, und man wird mit Recht sagen können, daß die Philosophie des Existentialismus im Grunde ein Rebellion gegen die wachsende Entfremdung des Menschen in der modernen Gesellschaft ist.

Was ist eigentlich Entfremdung? Innerhalb unserer westlichen Tradition spielte das, was Entfremdung meint, bereits eine große Rolle, allerdings nicht unter dem Begriff „Entfremdung", sondern unter dem des „Götzendienstes", wie ihn die Propheten gebrauchten. Viele Menschen nehmen naiverweise an, der Unterschied zwischen dem sogenannten Götzendienst und dem monotheistischen Glauben an den einen, wahren Gott, sei nur ein zahlenmäßiger: die Heiden hätten viele Götter, während die Monotheisten nur an einen Gott glaubten. Doch dies ist nicht der wesentliche Unterschied. Nach den Propheten des Alten Testaments ist der wesentliche Punkt, daß der Götzendiener ein Mensch ist, der das Werk seiner eigenen Hände anbetet. Er nimmt sich ein Stück Holz; mit einem Teil macht er sich ein Feuer, um zum Beispiel einen Kuchen zu backen, mit dem anderen Teil des Holzes schnitzt er eine Figur, um diese Figur anzubeten. Doch das, was er anbetet, sind Dinge; diese Dinge haben Nasen und riechen nicht, sie haben Ohren und hören nicht, und sie haben einen Mund und sprechen nicht.

Was geschieht beim Götzendienst? Versteht man ihn so, wie das prophetische Denken ihn verstanden hat, dann geschieht genau das, was nach Freud bei der „Übertragung" vor sich geht. Meines Erachtens ist die Übertragung, wie wir sie aus der Psychoanalyse kennen, eine Erscheinungsweise des Götzendienstes: Der Mensch überträgt das Erlebnis seiner eigenen Tätigkeiten oder seiner eigenen Erfahrungen – seiner Liebeskraft, seiner Denkkraft – auf ein Objekt jenseits seiner selbst. Das Objekt kann ein Mensch sein oder auch ein Ding aus Holz oder Stein. Sobald der Mensch diese Übertragungsbeziehung hergestellt hat, tritt er mit sich selbst nur noch durch die Unterwerfung unter das Objekt, auf das er seine eigenen menschlichen Funktionen übertragen hat, in Beziehung. In [entfremdeter, götzendienerischer] Weise zu lieben, heißt dann: Ich liebe nur, wenn ich mich dem Götzen, auf den ich alle meine Liebesfähigkeit übertragen habe, unterwerfe. Oder: Ich bin nur gut, wenn ich mich dem Götzen unterwerfe, auf den ich mein Gutsein übertragen habe. So ist es mit der Weisheit, der Kraft, ja mit allen menschlichen Eigenschaften.

Je mächtiger der Götze wird, das heißt, je mehr ich auf ihn übertrage, was ich bin, desto ärmer werde ich und desto mehr bin ich auf ihn angewiesen, weil ich verloren bin, wenn ich ihn, auf den ich alles übertrage habe, verliere. Die Übertragung in der Psychoanalyse ist davon nicht grundsätzlich verschieden. Natürlich geht es hier zumeist um Vater- und Mutterübertragungen, weil das Kind in Vater und Mutter die sieht, auf die es seine eigenen Erfahrungen überträgt. Das Wesentliche ist aber nicht die Tatsache, daß das Kind auf Vater und Mutter überträgt, sondern das Erlebnis der Übertragung selbst, mit dem sich der unreife Mensch einen Götzen sucht. Hat er einen Götzen gefunden, den er sein Leben lang anbeten kann, dann braucht er nicht zu verzweifeln. Das ist einer der Gründe, warum meines Erachtens viele Menschen so gerne zum Analytiker gehen und ihn nie mehr verlassen wollen, oder auch, warum ganze Gesellschaften sich sogenannte Führer wählen, die ebenso hohl und stumm wie die Götzen der Antike sind, aber eben auch zur Übertragung ermuntern, um die Menschen an sich zu binden.

In der modernen Gesellschaft gibt es natürlich keinen Baal und keine Astarte. Weil wir gewöhnlich die Namen mit den Dingen verwechseln, sind wir nur zu gerne davon überzeugt, daß es auch die Dinge nicht gibt, wenn die Namen nicht mehr auftauchen. In Wirklichkeit leben wir heute wieder in einer Gesellschaft, die im Vergleich zu früheren Jahrhunderten viel heidnischer und götzendienerischer ist.

Auch bei Hegel und bei Marx meint „Entfremdung", daß der Mensch sich verliert und aufhört, sich als Zentrum seiner Tätigkeit zu erleben. Der Mensch hat viel und benutzt viel, doch er ist wenig: [„Je weniger du *bist*, je weniger du dein Leben äußerst, um so mehr hast du, um so größer ist dein *entäußertes* Leben, um so mehr speicherst du auf von deinem entfremdeten Wesen." (*Ökonomisch-philosophische Manuskripte (1844)*, MEGA I, 3, S. 130 = MEW Erg. I, S. 549f.)] Der Mensch ist nicht nur wenig, er ist nichts, weil er beherrscht wird von den Dingen und Umständen, die er selbst geschaffen hat. Er ist der Zauberlehrling, der Golem. Das Werk seiner Hände beherrscht den modernen Menschen. Er selbst wird zum Ding. Er ist nichts, doch fühlt er sich groß, wenn er sich mit dem Staat, der Produktion, der Firma eins fühlt. Er ist nichts, doch er glaubt, alles zu sein.

Der moderne Mensch wird durch die Dinge, die er schafft, konstituiert. Um dies mit einer alltäglichen Beobachtung zu illustrieren: Wenn man jemanden, den man vom Fernsehen her kennt, einmal in Wirklichkeit sieht, dann sagt man: „Der sieht ja genauso aus wie im Fernsehen!" Die Realität ist nämlich das Fernsehbild; und an dieser Realität wird gemessen, ob die Wahrnehmung des Menschen, wie er in Wirklichkeit ist, stimmt. Sieht er so aus, wie man ihn vom Fernsehen her kennt, dann stimmt die Wirklichkeitswahrnehmung. Die Realität liegt in dem Ding draußen, und der wirkliche Mensch ist nur ein Schatten dieser Wirklichkeit.

Die Wirklichkeitswahrnehmung des modernen Menschen unterscheidet sich grundlegend von der der Menschen in

[Hans Christian Andersens] Märchen von des Kaisers neuen Kleidern. Der Kaiser ist in Wirklichkeit nackt, aber jeder, mit Ausnahme des kleinen Jungen, glaubt, die wunderbaren Gewänder zu sehen. Alle sind von vornherein davon überzeugt, der Kaiser muß wunderbare Gewänder haben [so daß die eigene Wahrnehmung, den Kaiser nackt zu sehen, verleugnet wird und jeder dem Bild folgt, das er vom Kaiser hat]. Dieses Phänomen, die Gewänder des Kaisers zu sehen, obwohl er nackt ist, gibt es schon seit vielen, vielen Jahrtausenden. Auf diese Weise konnten auch die dümmsten Menschen zu Regenten werden. Sie riefen den Glauben hervor, weise zu sein – und bis sie ihre Weisheit zu beweisen hatten, war es gewöhnlich bereits zu spät.

Im Märchen von des Kaisers neuen Kleidern ist es immer noch so, daß es den Kaiser gibt. Die Frage ist nur, daß er in Wirklichkeit nackt ist, man aber glaubt, er habe Kleider an. Heute hingegen ist der Kaiser gar nicht mehr da! Heute ist der Mensch nur wirklich, insofern er irgendwo draußen steht. Er wird erst durch die Dinge, durch das Eigentum, durch seine soziale Rolle, durch seine „Persona" konstituiert; als lebendiger Mensch aber ist er nicht wirklich.

Ein äußerst dramatisches und grauenhaftes Symbol dessen, was Entfremdung ist, sind die Atomwaffen. Sie sind das Werk des Menschen. Sie sind tatsächlich ein Ausdruck seiner größten intellektuellen Leistungen, und doch beherrschen uns die atomaren Waffen. Es ist inzwischen sehr fraglich geworden, ob wir sie noch beherrschen. Wir, die lebendigen Menschen, die leben wollen, werden zu ohnmächtigen, aber scheinbar omnipotenten Menschen. Wir glauben zu herrschen und werden doch beherrscht – nicht von einem Tyrannen, sondern von den Dingen, von den Umständen. Wir sind willenlose und ziellose Menschen geworden. Wir reden von Fortschritt und Zukunft, obwohl in Wirklichkeit keiner weiß, wohin er geht, und niemand sagt, wohin es geht, und keiner ein Ziel hat.

Im 19. Jahrhundert konnte man sagen: Gott ist tot. Im 20. Jahrhundert muß man sagen, der Mensch ist tot. Heute gilt die Wendung: „Der Mensch ist tot, es lebe die Sache!" „Der Mensch ist tot, es lebe sein Produkt!" Vielleicht gibt es kein schauerlicheres Beispiel für diese neue Unmenschlichkeit als die jetzt projektierte Idee der Neutronenbombe. Was wird die Neutronenwaffe tun? Sie wird alles Lebendige zerstören und alles Unlebendige – die Dinge, die Häuser, die Straßen – intakt lassen. [...]

c) Die Gleichgültigkeit als neue Erscheinungsweise des Bösen

Zieht man alles in Betracht: die Entfremdung, die Verdinglichung des Menschen, den Verlust der Kontrolle über sich und das Kontrolliertwerden des Menschen von den Dingen und Umständen, die er schafft – dann kann man sagen, daß sich der Begriff des Bösen grundlegend gewandelt hat.

Bisher galt: Das Böse ist menschlich. Alle von uns sind Verbrecher, wie alle von uns Heilige sind. Jeder von uns ist gut und jeder von uns ist böse. Und gerade weil das Böse auch menschlich ist, können wir das Böse verstehen, sofern wir nur das Böse auch in uns selbst sehen. Dies ist auch – oder sollte sein – eine der wichtigsten Fähigkeiten des Psychoanalytikers: daß ihm nicht schaudert vor dem Bösen im anderen, weil er das Böse in sich als etwas Menschliches erlebt.

Was heute vor sich geht, ist etwas grundlegend anderes. Es gibt nicht mehr das Böse im Gegensatz zum Guten; vielmehr gibt es eine neue Unmenschlichkeit: die Gleichgültigkeit – die völlige Entfremdung, die völlige Gleichgültigkeit gegenüber dem Leben. Diese neue Unmenschlichkeit möchte ich an zwei Phänomenen illustrieren: am Phänomen Eichmann und am Phänomen der atomaren Strategie.

Adolf Eichmann macht nicht den Eindruck, als ob er besonders böse sei; er ist vielmehr völlig entfremdet. Er ist ein Bürokrat, für den es keinen besonderen Unterschied macht, ob er tötet oder ob er für kleine Kinder sorgt. Für ihn hat das Leben vollkommen aufgehört, etwas Lebendiges zu sein. Er organisiert. Das Organisieren wird zum Selbstzweck, ob es dabei um Goldzähne oder Haare von ermordeten Menschen geht oder ob er Eisenbahnzüge oder Tonnen von Kohle organisiert. Alles das ist für ihn völlig gleichgültig. Wenn Eichmann sich verteidigt und darauf hinweist, daß er ja nur ein Bürokrat sei und in Wirklichkeit nur Züge reguliert hat und Fahrpläne ausarbeitete, dann hat er gar nicht so unrecht damit. Ich glaube, in uns allen steckt heute ein Stück Eichmann.

Die Argumentationen Eichmanns sind gar nicht so verschieden von den Überlegungen, die die Atomstrategen heute anstellen. Ich zitierte als Beispiel einen der wichtigsten amerikanischen Atomstrategen, Herman Kahn. Kahn sagt, wenn in den ersten drei Tagen eines Atomkrieges 60 Millionen Amerikaner umkommen, dann ist das erträglich; wenn es 90 Millionen sind, dann ist es zu viel. Hier geht es um dasselbe Kalkulieren, dieselbe Bilanz von Leben und Tod, wie sie auf seine Weise Eichmann erlebt hat, wenn er die Menschen zum Hinschlachten geführt hat.

Eben dieser Herr Kahn hat etwas sehr Schauerliches gesagt, das für das, worüber ich hier spreche, besonders aufschlußreich ist. Er hat nämlich [vor dem Unterausschuß des „Joint Committee on Atomic Energy" am 26. Juni 1959] gesagt und in seinem Buch [*On Thermonuclear War*, 1960, S. 47] geschrieben: „Es ist zwar richtig, daß der Krieg etwas Schreckliches ist. Aber der Friede ist auch schrecklich. Und es bleibt eine Frage der Kalkulation, wieviel schrecklicher der Atomkrieg als der Friede ist." Als ihn dann ein paar Journalisten fragten, wie er das eigentlich verstehe, sagte er, wozu die meisten Menschen nicht den Mut hätten: „Was wollen Sie denn? Im Grunde ist ja doch keiner glücklich. Was ist denn schon der ganze Unterschied?" [H. Kahn in der Ausgabe des *San Francisco Chronicle* vom 27. März 1961.]

Unter klinischen Gesichtspunkten würde man einen Menschen, der allen Ernstes behauptet, man müsse erst ausrechnen, wieviel schrecklicher der Krieg im Vergleich zum Frieden sei, als schwer depressiv kennzeichnen. Man würde annehmen, daß er sich vielleicht nur durch derartige Aktivitäten vor dem Selbstmord schütze. Eigentlich müßte man sagen, daß er verrückt ist, und kann man mit ihm Mitleid haben. Das Schreckliche freilich ist, daß dieser Mann keine Ausnahme ist, daß Millionen so denken wie er. Diese Haltung des verunmenschlichten Menschen – des Menschen, der sich nicht kümmert, des Menschen, der nicht nur nicht seines Bruders Hüter ist, sondern der nicht einmal sein eigener Hüter ist – diese Haltung charakterisiert den modernen Menschen!

d) Die Alternative: Renaissance des Humanismus

Gibt es angesichts der Krankheit des modernen Menschen überhaupt noch eine Zukunft? Ich glaube, eine Antwort gibt es nur im Sinne einer Alternative. Hierzu muß ich eine Bemerkung vorausschicken. Spricht man von den Gesetzlichkeiten im individuellen und im gesellschaftlichen Leben, dann gibt es gewöhnlich keine einlinigen Kausalreihen nach dem Muster: A verursacht B. Diese Art von Determinismus ist gewöhnlich falsch. Meist kann man aber sagen: A kann zu ein, zwei, drei oder vier Alternativen führen, nur zu diesen, und nicht zu anderen. Wir können feststellen und festlegen, daß unter den gegebenen Bedingungen nur bestimmte, wenige Alternativen möglich sind. Manchmal sind es nur zwei, manchmal sind es mehr. Ohne etwas prophezeien zu wollen, glaube ich, daß es heute für den modernen Menschen und für den Menschen auf dieser Erde überhaupt im wesentlichen nur die Alternative gibt zwischen der Barbarei und einer neuen Renaissance des Humanismus.

Vielleicht stimmt, wovon manche Wissenschaftler überzeugt sind, daß es auf Grund der gegenwärtigen Zerstörungskraft der Atomwaffen nicht einmal mehr zur Barbarei kommen wird, sondern einfach zur Auslöschung der menschlichen Rasse und alles Lebendigen. Kommt es dazu nicht, dann ist die eine Möglichkeit, daß es zu einer Barbarei kommen wird, zur Diktatur der Überlebenden nach einem atomaren Krieg. Die Überlebenden werden eine Weltdiktatur errichten, in der alle Werte der westlichen Tradition verloren sein werden, und die eine Diktatur von Robotern über Roboter sein wird.

Die andere Möglichkeit sehe ich darin, daß jene Menschheit, die am Ende des 19. Jahrhunderts dabei war, geboren zu werden, wirklich geboren wird. Dies setzt voraus, daß die Menschen die Unmenschlichkeit ihrer gegenwärtigen Situation, und nicht nur die physische, sondern vor allem die seelische Gefahr, in die sie die vollendete Entfremdung bringt, einsehen. Diese Einsicht ist der in einer Einzeltherapie vergleichbar: Man muß sich erst bewußt werden, wer wir sind, was uns treibt und wohin wir gehen. Nur wenn wir uns dessen bewußt sind, können wir einen Entschluß fassen, wohin wir gehen wollen. Ich glaube, eine humanistische Renaissance ist möglich, denn es sind alle Voraussetzungen dafür gegeben. Die materiellen Voraussetzungen sind gegeben, daß der Tisch für alle gedeckt sein kann und kein Teil der menschlichen Rasse mehr von ihm ausgeschlossen sein muß. Zum ersten Mal ist die Idee einer einheitlichen Menschheit zu einer Realität geworden. Es ist eine Tatsache, daß der Mensch in historisch sehr kurzer Zeit den größten Teil seiner Kräfte gar nicht mehr darauf verwenden muß, sich als Tier zu ernähren, sondern die Entfaltung seiner Kräfte als Selbstzweck ansehen und verwirklichen kann. Die Voraussetzungen sind gegeben, daß das

Ziel wieder die Entwicklung des reifen, schöpferischen, liebenden und vernünftigen Menschen wird und daß diesem Ziel alles andere als Mittel untergeordnet wird.

Da ich auch heute noch ein Sozialist bin, wie ich es immer war, glaube ich, daß die neue Form der Gesellschaft eine Form des humanistischen Sozialismus sein wird, die sich sowohl vom existierenden Kapitalismus wie von der Verfälschung des Sozialismus, die sich Sowjetkommunismus nennt, unterscheidet. Die Frage ist allerdings, wie lange wir noch Zeit haben, um zur Einsicht zu kommen und unsere Richtung zu verändern. [...]

Ralph Waldo Emerson sagte vor hundert Jahren: „Die Dinge sind im Sattel und reiten uns." Ich möchte auf die Veränderung aufmerksam machen, die Emerson ausspricht. Für Luther war die Frage noch, ob der Teufel im Sattel sitzt und den Menschen reitet. Der Teufel war das Böse, und – wie ich vorher verdeutlichte – das Böse war noch menschlich. Für uns heute geht es nicht mehr darum, daß der Teufel uns reitet. Unser Problem ist, daß die Dinge uns reiten – die Dinge und Umstände, die wir selbst geschaffen haben. Im Anschluß an Emersons Formulierung könnte man sagen: Eine Zukunft gibt es für den modernen Menschen nur, wenn der Mensch sich wieder in den Sattel setzt.

2. Die psychischen Folgen des Industrialismus (Vortrag aus dem Jahr 1964)

Im Rahmen des „Congreso del Centenario", von der Academia Nacional de Medicina in Mexiko-Stadt veranstaltet, hielt Fromm am 2. Mai 1964 einen Vortrag in spanischer Sprache, der den Titel trug „Problemas psicologicos del hombre en la sociedad moderna". Im Nachlaß fand sich neben dem spanischen Vortragsmanuskript auch eine englische Fassung des Vortrags, die hier als Übersetzungsgrundlage diente.

Es gibt einen weitverbreiteten Glauben auf dieser Erde, daß alle wichtigen menschlichen Bedürfnisse befriedigt würden, wenn sich die industrielle Produktionsweise noch verbessern ließe – zuerst in den Vereinigten Staaten und in Europa, dann schließlich auch in Lateinamerika, Asien und in Afrika. Man nimmt an, wenn der Mensch nur ausreichend zu essen und genügend Freizeit hat und seine Möglichkeiten zu konsumieren sich steigern, daß er dann glücklich und psychisch gesund wäre.

Gegen einen solchen naiven Optimismus erheben sich heute immer mehr Stimmen. Warum, so fragen einige Beobachter an, haben dann gerade die am meisten entwickelten und wohlhabendsten Länder wie Schweden und die Schweiz eine der höchsten Suizidraten und so viele Alkoholiker? Warum belegt gerade das reichste Land der Welt, die Vereinigten Staaten, am eindrücklichsten die Tatsache, daß wir in einem „Zeitalter der Angst" leben? Warum bedrohen sich gerade die wirtschaftlich fortschrittlichsten Staaten der Welt gegenseitig mit völliger Auslöschung und sich selbst mit Selbstmord? Liegt der Grund nur darin, daß der Industrialismus eben noch nicht alle seine Zielsetzungen realisiert hat? Das Beispiel Schweden scheint einer solchen Annahme zu widersprechen. Oder muß man nicht annehmen, daß mit dem Industrialismus, wie er sich sowohl in den Vereinigten Staaten wie in der Sowjetunion entwickelt hat, etwas grundsätzlich falsch läuft?

Wo stehen wir heute? Die Gefahr eines Krieges, der alles vernichtet, bedroht die Menschheit. Diese Gefahr läßt sich keineswegs durch die zögerlichen Versuche der Regierungen, einen solchen Krieg zu vermeiden, als überwunden betrachten. Und selbst wenn bei den Politikern noch so viel geistige Gesundheit da ist, daß sich ein Krieg vermeiden läßt, so ist die Lage des Menschen heute weit davon entfernt, daß die Hoffnungen des 16., 17. und 18. Jahrhunderts erfüllt würden.

Der Charakter des Menschen wurde von den Erfordernissen eben jener Welt geprägt, die er mit seinen eigenen Händen erschaffen hat. Der Gesellschafts-Charakter des Bürgertums des 18. und 19. Jahrhunderts zeigte ausgeprägte ausbeuterische und hortende Züge. Der Wunsch, andere auszubeuten und den Verdienst anzusparen, um mit ihm noch mehr Profit machen zu können, bestimmte den bürgerlichen Charakter. Im 20. Jahrhundert zeigt die Charakterorientierung ein beträchtliches Maß an Passivität und eine Identifikation mit den Werten des Marktes. Ohne Zweifel ist der gegenwärtige Mensch während seiner Freizeit meistens passiv. Er ist ein ewiger Konsument: Er „nimmt zu sich": Drinks, Essen, Zigaretten, Lektüre, Besichtigungen, Bücher, Filme. Alles wird konsumiert, verschlungen. Die Welt ist ein großes Feld für seinen Appetit: eine Riesenflasche, ein Riesenapfel, eine Riesenbrust. Der Mensch ist zum Säugling geworden, zu dem, der ewig nur erwartet – und immer nur enttäuscht wird.

Wenn der moderne Mensch nicht mit Konsumieren beschäftigt ist, betreibt er Handel. In unserem wirtschaftlichen System dreht sich alles um die Funktion des Marktes. Dieser bestimmt den Wert aller Waren und reguliert den Anteil, den jeder am Bruttosozialprodukt hat. Die wirtschaftlichen Unternehmungen des Menschen von heute werden nicht mehr wie in früheren Epochen von Gewalt oder Tradition und auch nicht von Betrügereien oder Tricks gesteuert. Jeder ist frei, zu produzieren und zu verkaufen. Der Markttag ist der Gerichtstag, an dem über den Erfolg der eigenen Bemühungen gerichtet wird. Auf dem Markt werden nicht nur Waren angeboten und verkauft. Die Arbeit selbst wurde zu einer Ware; sie wird unter den gleichen Bedingungen des fairen Wettbewerbs auf dem Arbeitsmarkt verkauft. Die Marktwirtschaft reicht inzwischen jedoch weit über den wirtschaftlichen Bereich von Waren und Arbeit hinaus. Der Mensch selbst hat sich in eine Ware verwandelt; er erlebt sein Leben als Kapital, das es profitabel zu investieren gilt.

Gelingt ihm dies, dann ist er erfolgreich und sein Leben ist sinnvoll. Gelingt ihm dies nicht, dann ist er ein Versager. Sein Wert liegt in seiner Verkäuflichkeit begründet, und nicht in seinen menschlichen Fähigkeiten zu Vernunft und Liebe und auch nicht in seinen künstlerischen Qualitäten. Sein Selbstwerterleben hängt deshalb von äußeren Faktoren ab: von seinem Erfolg, vom Urteil der anderen. Darum ist er von diesen anderen abhängig und kann er sich nur sicher fühlen, wenn er mit den anderen konform geht und sich nie weiter als einen halben Meter von der Herde entfernt.

Es ist aber nicht nur der Markt, der den Charakter des gegenwärtigen Menschen bestimmt. Eng mit der Marktfunktion verknüpft, ist die Art der industriellen Produktion ein weiterer Faktor. Die Unternehmen werden immer größer; die Zahl der Angestellten und Arbeiter eines Betriebes wächst unablässig. Die Besitzer der Unternehmen und die Manager der Unternehmensleitung sind verschiedene Personen. Die riesigen Industrieunternehmen werden von leitenden Angestellten gesteuert, die hauptsächlich daran interessiert sind, daß das Unternehmen reibungslos läuft und expandiert, und die sich nicht in erster Linie persönlich bereichern wollen.

Welche Art von Mensch benötigt unsere Gesellschaft, um reibungslos zu funktionieren? Sie braucht Menschen, die zur Kooperation in großen Gruppen fähig sind, die immer mehr konsumieren wollen, und deren Geschmack standardisiert ist und leicht vorausberechnet und beeinflußt werden kann. Sie braucht Menschen, die sich frei und unabhängig fühlen, die keiner Autorität, keinen Prinzipien und keinem Gewissen unterworfen sind. Dennoch müssen sie bereit sein, geführt zu werden, das zu tun, was von ihnen erwartet wird, und müssen reibungslos in die soziale Maschinerie hineinpassen. Sie braucht Menschen, die sich ohne Gewalt führen und ohne Führer lenken lassen. Sie müssen sich bewegen lassen, ohne ein Ziel vor Augen zu haben außer dem, in Bewegung zu sein, zu funktionieren und vorwärts zu kommen.

Dem modernen Industrialismus ist es gelungen, einen solchen Menschen hervorzubringen: den automatenhaften, entfremdeten Menschen. Er ist in dem Sinne entfremdet, daß ihm seine Handlungen und seine Eigenkräfte selbst fremd geworden sind. Sie stehen ihm gegenüber und sind gegen ihn gerichtet; sie beherrschen, statt daß er sie beherrscht. Seine Lebenskräfte haben sich in Dinge und Institutionen verwandelt, die ihrerseits zu Idolen geworden sind. Sie werden nicht als das Ergebnis der eigenen Bemühungen des Menschen erlebt, sondern als etwas von ihm Getrenntes, das er anbetet und dem er sich unterwirft. Der entfremdete Mensch kniet sich vor die Werke seiner eigenen Hände nieder. Seine Götzen sind der entfremdete Ausdruck seiner eigenen Lebenskräfte. Der Mensch erlebt sich selbst nicht als den tätigen Urheber seiner Eigenkräfte und Reichtümer, sondern als ein verarmtes „Ding", das von anderen Dingen außerhalb seiner selbst abhängig ist, weil er seine lebendige Substanz auf diese projiziert hat.

Die sozialen Gefühle werden auf den Staat projiziert. Als Staatsbürger ist er sogar bereit, sein Leben für den Nächsten einzusetzen, während er als Privatperson nur egoistisch auf sich selbst bedacht ist. Weil er den Staat zur Verkörperung seiner eigenen sozialen Gefühle gemacht hat, verehrt er ihn und seine Symbole. Sein eigenes Spüren von Macht, Weisheit und Mut projiziert er auf seine politischen Führer und verehrt sie dann als seine Idole.

Ob Arbeiter, Angestellter oder Manager: der heutige Mensch ist von seiner Arbeit entfremdet. Der Arbeiter ist zu einem atomaren Teilchen der Ökonomie geworden, das nach der Pfeife eines automatisierten Managements tanzt. Er hat keinen Einfluß auf den Produktionsprozeß und auf das, was dabei herauskommt; nur selten hat er einen Bezug zum fertigen Produkt. Der leitende Angestellte auf der anderen Seite hat zwar einen Bezug zum fertigen Produkt, doch ist er diesem als einem konkreten und nützlichen Gegenstand entfremdet. Er verfolgt nur das Ziel, das von anderen investierte Kapital nutzbringend arbeiten zu lassen. Die Ware ist bloß die Verkörperung des Kapitals und nichts, was ihn als konkreten Gegenstand berührt. Der Manager ist zu einem Funktionär geworden, für den Gegenstände, Figuren und menschliche Wesen nur noch Objekte seiner Aktivität sind. Sein Umgang mit ihnen wird zwar Beschäftigung mit „menschlichen Beziehungen" genannt, doch der Manager hat es mit höchst unmenschlichen Beziehungen zu tun, weil es um Beziehungen von Automaten geht, die zu Abstraktionen geworden sind.

Unser Konsumverhalten ist ebenfalls entfremdet. Es wird von Werbesprüchen bestimmt, statt von unseren wirklichen Bedürfnissen und von dem, was wir schmecken, sehen oder hören wollen.

Die Bedeutungslosigkeit und Entfremdung unserer Arbeit führt zu dem Verlangen, ganz und gar faul zu sein. Der Mensch haßt sein Arbeitsleben, denn es bringt ihn dazu, sich als Gefangener und Schwindler zu fühlen. Sein höchstes Ideal ist eine absolute Faulheit, bei der er keine Bewegung mehr auszuführen hat und alles nach dem Werbespruch von Kodak läuft: „Sie drücken den Knopf, den Rest erledigen wir!" Diese Tendenz wird noch durch jene Art von Konsumieren verstärkt, die zur Ausdehnung des Binnenmarktes vonnöten ist, und die zu einem Grundsatz führt, den Aldeous Huxley in *Schöne neue Welt* (1946) treffend zum Ausdruck gebracht hat: „Schiebe nie das Vergnügen, das Du heute haben kannst, auf morgen auf." Dies ist einer jener Sprüche, mit dem jeder von uns von Kindheit an vertraut gemacht wird. Wenn ich die Befriedigung meines Verlangens nicht verschiebe (und ich bin schon so konditioniert, daß ich nur noch danach Verlangen habe, was ich auch bekommen kann), dann gibt es keinen Konflikt, keine Zweifel; es müssen auch keine Entscheidungen getroffen werden. Und ich bin auch nie mir selbst überlassen, denn ich bin immer beschäftigt – entweder ich arbeite oder ich habe meinen Spaß. Es gibt gar keine Notwendigkeit, mir meiner selbst bewußt zu sein, weil ich ständig mit konsumieren beschäftigt bin. Ich bin ein System von Wünschen und deren Befriedigungen. Ich muß arbeiten, um meine Wünsche zu befriedigen; diese Wünsche aber werden durch die Wirtschaft ständig neu hervorgerufen und gelenkt.

Dieser entfremdete, isolierte Mensch hat Angst, und zwar nicht nur, weil Isolation und Entfremdung als solche Angst machen, sondern auch noch aus einem speziellen Grund. Das bürokratische industrielle System, insbesondere wie es sich in den Großunternehmen herausentwickelt hat, macht in erster Linie Angst wegen der Diskrepanz zwischen der Größe der Einrichtung (des Unternehmens, des Verwaltungsapparats, der Militärmaschinerie) und der Kleinheit des einzelnen. Darüber hinaus macht die allgemeine Unsicherheit Angst, die dieses System in fast jedem Menschen hervorruft. Die meisten Menschen sind angestellt und also abhängig von ihren Vorgesetzten der Bürokratie. Sie haben nicht nur ihre Arbeitskraft verkauft, sondern auch im Ausverkauf ihre Persönlichkeit (ihr Lächeln, ihren eigenen Geschmack, ja sogar ihre Freundschaften). Sie haben ihre Integrität verraten, und doch können sie nie sicher sein, ob sie steigen oder fallen, ob sie auf der sozialen Leiter aufsteigen oder, wenn nicht Armut, so doch Scham und Verlegenheit ausgeliefert sind.

Trotz allen Wohlstands: die industrielle bürokratische Gesellschaft ist eine Gesellschaft von ängstlichen und sich fürchtenden Menschen. Die Angst um Erfolg oder Mißerfolg ist in Wirklichkeit heute bei den Menschen so übermächtig, daß die Angst im Bereich ihres persönlichen

Lebens die Angst vor der Möglichkeit einer totalen Zerstörung auf Grund eines Atomkriegs überdeckt wird.

Schließlich zeigt sich der Mensch in den hochindustrialisierten Gesellschaften mehr und mehr von technischen Apparaten fasziniert, als daß er von lebendigen Wesen und Lebensprozessen angezogen wird. Für viele Menschen ist ein neuer Sportwagen attraktiver als eine Frau. Das Interesse am Leben und am Organischen wird durch das Interesse am Technischen und Anorganischen ersetzt. Dies führt dazu, daß der Mensch dem Leben gegenüber gleichgültig wird. Er spürt sogar mehr den Stolz, Raketen und Atomwaffen erfunden zu haben, als daß ihn die Tatsache, die Zerstörung allen Lebens in Betracht ziehen zu müssen, erschrecken und traurig machen würde.

Für den Psychotherapeuten stechen bestimmte Folgen dieser Situation ins Auge: Der zum Ding verwandelte Mensch ist ängstlich, hat keinen Glauben und keine Überzeugung mehr und vermag kaum noch zu lieben. Er flieht statt dessen in ein leeres Geschäftigsein, in Alkoholismus, starke sexuelle Promiskuität und in alle möglichen Arten psychosomatischer Symptome, die sich bestens mit der Streßtheorie erklären lassen. Wir kommen zu dem paradoxen Ergebnis, daß die reichsten Gesellschaften dabei sind, die kränksten zu werden und daß der Fortschritt der Medizin durch ein starkes Anwachsen von allen möglichen psychischen und psychosomatischen Erkrankungen zunichte gemacht wird.

Diese Überlegungen bedeuten nicht, daß die Industrialisierung als solche nicht wünschenswert sei. Ohne sie könnte sich der Mensch im Gegenteil nicht einmal die materielle Basis für ein menschenwürdiges und sinnvolles Leben schaffen. Die Frage ist allerdings, welche *Form* das industrielle System hat: Geht es um einen bürokratischen Industrialismus, in dem der einzelne zu einem kleinen, bedeutungslosen Zahnrädchen in einer sozialen Maschinerie wird, oder geht es um einen humanistischen Industrialismus, in dem die Entfremdung und das Ohnmachtsgefühl dadurch überwunden werden, daß der einzelne aktiv und verantwortlich an den ökonomischen und sozialen Prozessen teilhat? Freilich hat ein solcher humanistischer Industrialismus eine Reihe von sozialen und wirtschaftlichen Voraussetzungen, die hier nicht erörtert werden können. Eines muß jedoch festgehalten werden: Eine humanistische Industriegesellschaft zielt nie auf einen maximalen Profit für wenige und noch weniger auf den maximalen Konsum für viele. In ihr darf die wirtschaftliche Produktion nie zum Selbstzweck werden, sondern muß immer ein Mittel für ein *menschlich* reicheres Leben bleiben. In der humanistischen Industriegesellschaft *ist* der Mensch, statt daß er viel *hat* oder viel gebraucht. Sie muß die Bedingungen für den produktiven Menschen schaffen, und nicht jene für den *homo consumens* oder den *homo technicus*, den Apparate-Fan.

Aus all dem ergibt sich eine Lektion für jene Länder, die im Übergang von der feudalen zur industriellen Gesellschaft stehen. Natürlich müssen sie Industriegesellschaften werden und die materiellen Bedürfnisse von all ihren Einwohnern befriedigen. Sie sollten aber den in den entwickelteren Industriegesellschaften vorherrschenden Werten sehr skeptisch gegenüber sein und nicht versuchen, diese zu imitieren. Sie sollten sich vielmehr das Ziel einer neuen Gesellschaftsform setzen, die weder feudalistisch noch industriell-bürokratisch ist. In einem humanistischen Industrialismus sollten bestimmte menschliche Werte aus der Vergangenheit tatsächlich verwirklicht werden, statt daß sie Leerformeln sind oder vom Konsumrausch weggefegt werden. Die Voraussetzungen für seelische Gesundheit und das Überleben der Zivilisation sind eine Wiederbelebung des Geistes der Aufklärung, eines rücksichtslos kritischen und wirklichkeitsnahen, jedoch von seinen überschwenglich optimistischen und rationalistischen Vorurteilen befreiten Geistes, und zugleich die Wiederbelebung humanistischer Werte, die nicht gepredigt, sondern im persönlichen und gesellschaftlichen Leben realisiert werden.

3. Meine Kritik an der Industriegesellschaft (Zeitungsbeitrag 1972)

Erich *Fromm verbrachte seit 1967 das Sommerhalbjahr jeweils in Locarno in der Schweiz, bis er 1974 seinen Wohnsitz ganz von Mexiko ins Tessin verlegte. Bald waren die Kontakte zur italienischen Presse geknüpft. Den nachfolgenden Beitrag schrieb Fromm für den „Corriere della Sera", die Mailänder Abendzeitung, die ihn auch im Januar 1972 abdruckte. Die Übersetzung folgt dem englisch geschriebenen Manuskript.*

Es gibt viele Dinge, die mir an der gegenwärtigen Gesellschaft mißfallen, so daß die Entscheidung, womit ich beginnen soll, nicht einfach ist. In Wirklichkeit spielt dies freilich keine Rolle, denn es ist offensichtlich so, daß alles, was mir mißfällt, nur verschiedene Facetten der Struktur der heutigen Industriegesellschaft sind. Diese bilden ein Syndrom und gehen alle auf die gleiche Wurzel zurück: auf die Struktur der Industriegesellschaft in ihrer kapitalistischen wie in ihrer sowjetischen Ausprägung.

Ein erster Punkt, der erwähnt werden soll, ist die Tatsache, daß alles und beinahe auch jeder Mensch sich *zum Kauf anbietet*. Nicht nur Waren und Dienstleistungen werden verkauft; auch Ideen, Kunst, Bücher, Persönlichkeiten, Überzeugungen, ein Gefühl, ein Lächeln – alles ist inzwischen zur Ware geworden. Dies trifft auch für den ganzen Menschen mit all seinen Fähigkeiten und Möglichkeiten zu.

Eine Folge davon ist die Tatsache, daß man *immer weniger Menschen trauen* kann. Damit meine ich nicht unbedingt eine direkte Unehrlichkeit im Geschäftsbereich oder eine Hinterhältigkeit im Umgang mit anderen Menschen, sondern etwas, das viel tiefer geht. Wie kann man jemandem, der sich zum Kauf anbietet, trauen, daß er morgen noch derselbe ist wie heute? Wie kann ich wissen, wer er wirklich ist? Auf wen soll ich denn vertrauen? Ich kann höchstens sicher sein, daß er kein Mörder ist oder mich ausraubt, aber damit wird noch kein Vertrauen geschaffen.

Daß es *immer weniger Menschen mit Überzeugungen* gibt, ist nur ein weiterer Aspekt des gleichen Problems. Mit Überzeugung meine ich etwas, das im Charakter eines Menschen, in seiner gesamten Persönlichkeit wurzelt und deshalb sein Handeln motiviert. Es geht also nicht nur um eine Idee, die, so zentral sie auch ist, sich auch leicht ändern läßt.

Der folgende Punkt hat eine enge Beziehung zum vorgenannten: Die ältere Generation hat noch einen Charakter, der sehr stark von überbrachten Verhaltensmustern und von der Notwendigkeit, sich erfolgreich anzupassen, geprägt ist. Viele Menschen der jüngeren Generation neigen dazu, überhaupt *keinen Charakter mehr zu haben*. Damit meine ich nicht, daß sie unehrlich sind; im Gegenteil, eine der wenigen erfreulichen Dinge in der heutigen Welt ist die Ehrlichkeit eines großen Teils der jüngeren Generation. Wenn ich sage, daß sie keinen Charakter mehr haben, dann meine ich, daß sie emotional und intellektuell gesehen von der Hand in den Mund leben. Sie befriedigen jedes Bedürfnis sofort, haben beim Lernen wenig Geduld, tun sich schwer, Frustrationen auszuhalten und haben kein Zentrum in sich selbst und kein Identitätserleben. Sie leiden am fehlenden Selbsterleben, stellen sich selbst, ihre Identität, den Sinn ihres Lebens in Frage. Manche Psychologen haben aus der Not dieses Identitätsmangels eine Tugend gemacht und sprechen davon, daß diese jungen Menschen einen „proteischen“, amöbenartigen Charakter hätten, wenn sie nach jedem und allem verlangten und an nichts gebunden seien.

Damit wird freilich nur in einer etwas poetischeren Sprache von dem Mangel an Selbst gesprochen als es Skinner tut, wenn dieser von der „menschlichen Technik" spricht, derzufolge der Mensch das *ist*, wozu er konditioniert wurde.

Mir mißfällt an dieser Gesellschaft die verbreitete *Langeweile und die Freudlosigkeit*. Die meisten Menschen langweilen sich, weil sie für das, was sie tun, kein wirkliches Interesse haben und weil unser industrielles System auch kein Interesse daran hat, sie für ihre Arbeit zu interessieren. Das Hoffen auf mehr Unterhaltung wird als der einzige Anreiz angesehen, den es braucht, um die langweilige Arbeit zu kompensieren. Die Freizeit ist allerdings genauso langweilig, denn sie wird von der Unterhaltungsindustrie in gleicher Weise verwaltet wie die Arbeitszeit vom Industriebetrieb. Die Menschen sehnen sich nach Vergnügungen und Anregungen statt nach Freude; sie streben nach Macht und Besitz statt nach Wachstum; sie möchten viel *haben* und viel *gebrauchen*, statt viel zu *sein*.

Die Menschen werden heute *mehr vom Toten und vom Mechanischen angezogen als vom Leben und von lebendigen Prozessen*. Ich habe dieses Angezogenwerden vom Leblosen – ein Wort Unamunos gebrauchend – „Nekrophilie" genannt, und das Angezogensein von allem Lebendigen „Biophilie". Trotz der Tatsache, daß heute alle Betonung auf dem Vergnügen liegt, bringt unsere Gesellschaft immer mehr Nekrophilie hervor und immer weniger Liebe zum Leben. All dies führt zu einer tödlichen Langeweile, die nur oberflächlich durch ständig wechselnde Reize kompensiert wird. Je weniger diese Stimuli ein wahrhaft lebendiges und aktives Interesse erlauben, desto häufiger müssen sie geändert werden, weil es eine biologisch gegebene Tatsache ist, daß wiederholte „flaue" Stimuli bald monoton werden.

Was mir am meisten mißfällt, ist in der griechischen Mythologie in der Beschreibung des Eisernen Zeitalters, wie es

Hesiod (in den *Erga*, Zeile 132–142) heraufkommen sah, zusammengefaßt. In ihm werden die Menschen die Macht anbeten, sich nicht mehr über Untaten aufregen und keine Scham mehr haben:

> „War es [das Eiserne Zeitalter] dann aber gereift und zur Jugendfülle gekommen,
> Währte nur kurz noch die Zeit ihres Lebens, eigene Torheit
> Brachte das Weh; denn sie hatten nicht Kraft, maßlose Gewalttat
> Untereinander zu bannen, und ewige Götter verehren
> Mochten sie nicht und am hehren Altar den Seligen opfern,
> Wie sich's für Menschen geziehmt, je nach Wohnstatt. Diese hat schließlich
> Zeus der Kronide verborgen im Grimm, weil gebührende Ehre
> Nie sie gegeben den Göttern, den Seligen oben im Himmel.
> Aber nachdem nun auch dieses Geschlecht die Erde umfangen,
> Nennt man diese mit Namen die sterblichen Seligen drunten,
> Minderen Rangs, aber dennoch erweist man Ehre auch ihnen."

Ich kann nicht schließen, ohne zu betonen, daß ich trotz allem, was mir an dieser Gesellschaft mißfällt, nicht ohne Hoffnung bin. Wir sind mitten in einem Prozeß, bei dem viele Menschen damit anfangen, ihre Illusionen aufzugeben. „Die Illusionen über seinen Zustand aufzugeben", ist nach Karl Marx aber „die Forderung, einen Zustand aufzugeben, der der Illusion bedarf." [MEGA, I, 1, 1, S. 607f.]

4. Die Überlebenschancen der westlichen Gesellschaft (Vortrag aus dem Jahr 1969)

„La desintegracion de las sociedades" war der Vortrag betitelt, den Fromm auf einem Symposium der „Academia Nacional de Medicina" im Januar 1969 in Mexiko-Stadt hielt. Das Symposium hatte „Das Verständnis des Todes" zum Thema. Die englische Manuskriptversion dieses Vortrags wurde von Fromm selbst für eine Veröffentlichung überarbeitet und fand sich in seinem Nachlaß. Von ihr geht die nachfolgende Übersetzung aus, für die Linda Geckeler eine Vorlage anfertigte.

Vom „Zerfall einer Gesellschaft" zu sprechen, bedeutet nicht, daß die Gesellschaft ein Organismus ist wie eine Zelle oder das gesamte Körpersystem. Tatsächlich wurden Gesellschaften in Analogie zu lebenden Organismen beschrieben, so etwa von Oswald Spengler in seinem Buch *Untergang des Abendlandes* (1918–1922). Für Spengler durchlaufen auch Gesellschaften die gleichen Folgen von Geburt, Jugend, Reife und Alter wie der Organismus. Nun sind Analogien zwar anregend, doch sie beweisen nichts. Auch ohne derartige Analogien zu benützen, können wir vom Zerfall der Gesellschaften sprechen, insofern wir eine Gesellschaft als ein System (oder eine Struktur) begreifen. Organismen wie Gesellschaften ist gemeinsam, daß sie beide *Systeme* sind. Sie sind Gesetzmäßigkeiten unterworfen, die jedem System zu eigen sind, selbst wenn die Systeme substantiell sich sehr voneinander unterscheiden. Solche Systeme sind zum Beispiel der menschliche Organismus, das Sonnensystem, Sprachsysteme, Wirtschaftssysteme, politische Systeme, institutionelle Systeme usw.

a) Die Eigenart von Systemen

Es ist die Eigenart jedes Systems, daß alle seine Teile so integriert sind, daß *das richtige Funktionieren jedes Teiles die notwendige Voraussetzung für das richtige Funktionieren jedes anderen Teiles ist*. Das System stellt also eine Größe dar, die sich von der bloßen Summe aller seiner Bestandteile unterscheidet. Aus dieser Tatsache ergeben sich die folgenden Merkmale:

(1) Jedes System – ob es sich um einen Organismus handelt oder um ein nicht-organisches System – hat ein Eigenleben und funktioniert nur, solange alle seine Teile in der besonderen Form, die das System erfordert, integriert bleiben. Das System als ein Ganzes beherrscht die Teile. Die Teile sind gezwungen, innerhalb des gegebenen Systems zu funktionieren – oder sie funktionieren überhaupt nicht. Das System hat einen inneren Zusammenhalt, das seine Veränderung äußerst schwer macht.

(2) Versucht man, nur einen isolierten Teil des Systems zu verändern, wird dies nicht zu einer Veränderung des Systems selbst führen. Das System wird im Gegenteil weiterhin auf seine ihm eigene Art und Weise funktionieren und versuchen, eine Veränderung an einem Teil so zu absorbieren, daß sehr bald die Wirkungen der Veränderung ungeschehen gemacht sind. Ein Beispiel soll dies verdeutlichen: Um die Slums in Großstädten aufzulösen, wird als wirksamster Weg oft vorgeschlagen, neue Billighäuser zu bauen. Man beobachtete, daß die neuen Häuser nach einiger Zeit wieder zu Slums geworden waren und das Slumsystem wie eh und je funktionierte. Der Grund dafür liegt in der Tatsache, daß man nur neue Häuser baute, ohne das ganze System grundlegend zu verändern – pädagogisch, wirtschaftlich, psychologisch usw. Die zugrunde liegende Struktur bleibt die gleiche, so daß sich das Slumsystem durchsetzt, indem es schließlich die neu erbauten Häuser zu neuen Slums macht. Ein System kann nur verändert werden, wenn nicht nur ein einziger Faktor geändert wird; erst wenn echte Änderungen innerhalb des gesamten Systems vorgenommen werden, kann eine neue Integration *aller seiner Teile* stattfinden.

(3) Um zu verstehen, welche Veränderungen innerhalb des ganzen Systems notwendig und möglich sind, muß man zuerst eine genaue Analyse über das Funktionieren des Systems machen, die Gründe für fehlerhaftes Funktionieren erforschen, um dann die Möglichkeiten richtig einzuschätzen, mit denen es zu einer das gesamte System betreffenden Veränderung kommen kann.

(4) Generell läßt sich das optimale Funktionieren eines Systems bzw. sein Zerfall folgendermaßen fassen: Ein System kann als wirkungsvoll arbeitend angesehen werden, wenn alle seine Teile zweckmäßig integriert sind und optimal arbeiten und es zu einem Minimum an energieverbrauchender Reibung untereinander und im Kontakt mit benachbarten Systemen kommt. Eine wichtige Voraussetzung für das richtige Funktionieren ist darin zu sehen, daß jene Teile des Systems, die noch nicht an neue Bedingungen außerhalb des Systems richtig angepaßt sind, die Fähigkeit haben, auf diese neuen Bedingungen regenerativ zu reagieren und sich diesen von alleine anzupassen.

Umgekehrt kommt es zum Zerfall eines Systems, wenn bestimmte Teile die Fähigkeit zu einer solchen Anpassung verloren haben und „verknöchern". Dann werden die Reibung innerhalb des Systems und die Widersprüche zwischen dem System und den benachbarten Systemen so groß werden, daß das System schließlich zerbricht und zerfällt. Zwischen diesen beiden Extremen, dem optimalen Funktionieren des Systems und seinem Zerfall, gibt es viele Schattierungen partieller Dysfunktion. Ob ein System in diesem Fall sein Gleichgewicht wiedererlangen kann oder zerfällt, hängt von der Fähigkeit ab, geeignete Veränderungen einzuführen, das heißt solche, die auf einer Analyse des Systems beruhen. Es muß erwähnt werden, daß es Systeme wie etwa das Sonnensystem gibt, die ganz auf der Grundlage von physikalischen Gesetzen funktionieren, welche außerhalb der menschlichen Kontrolle liegen. Auf der anderen Seite gibt es Systeme wie das des menschlichen Organismus oder einer Gesellschaft, die durch einen menschlichen Eingriff verändert werden können. Dies setzt aber voraus, daß dieser Eingriff auf dem richtigen Wissen um das Funktionieren des Systems basiert und daß man über die Maßnahmen verfügt, die solche Veränderungen des Systems erlauben und man auch bereit ist, dementsprechend zu handeln.

(5) Damit wird nicht behauptet, daß die richtige Kenntnis immer den Zerfall eines Systems verhindern könnte. Es ist offensichtlich, daß der menschliche Organismus, zumindest bis jetzt, durch den Alterungsprozeß in seiner Fähigkeit zur Veränderung des Systems begrenzt ist. Genauso kann eine Gesellschaft unfähig sein, notwendige Anpassungsleistungen zu erbringen, weil ihr – etwa auf Grund der Erosion des Bodens oder wegen Naturkatastrophen – die materielle Grundlage für solche Veränderungen fehlt.

(6) Sehr oft jedoch finden Veränderungen des Systems nicht deshalb nicht statt, weil sie objektiv unmöglich wären, sondern auf Grund einer Reihe *subjektiver* Gründe. An erster Stelle fehlt es am Verständnis für das Funktionieren des Systems und der Gründe für seine Dysfunktion. Ein zweiter Grund läßt sich in gesellschaftlichen Systemen beobachten, wo Gruppeninteressen innerhalb einer Gesellschaft gegen Veränderungen gerichtet sind, weil diese für sie im Moment nachteilig wären. Objektiv gesehen führt die Weigerung, gewisse Privilegien aufzugeben, aber schließlich nicht nur zur Vernichtung dieser Gruppe, sondern mit ihr zum Zerfall der Gesellschaft.

Ein weiterer subjektiver Grund ist darin auszumachen, daß die meisten Menschen, einschließlich vieler Wissenschaftler, noch immer in einem überholten linearen Denkschema von Ursache und Wirkung denken. Sie greifen sich die offensichtlichsten Mißstände eines Systems heraus und versuchen dann den einen Grund für diese Mißstände zu finden. Es fällt ihnen schwer, in Form von Prozessen innerhalb eines Systems zu denken, bei dem das Verständnis des einen Teils das Verstehen jedes anderen Teils voraussetzt; tatsächlich erfordert das Verstehen des Systems eine viel größere Flexibilität des Denkens. Die Gesellschaft als ein System zu verstehen, fällt deshalb so schwer, weil das Denken und Fühlen des Beobachters selbst Teil des Systems ist. Folglich betrachtet er das System nicht so, wie es wirklich funktioniert, sondern vom Standpunkt seiner eigenen Wünsche und von der Rolle aus, die er in dem System spielt.

b) Vom Zerfall gesellschaftlicher Systeme

Nach diesen allgemeinen Bemerkungen über die Eigenart von Systemen geht es nun um das spezielle Problem des Zerfalls von Gesellschaften. Zuerst gilt es, in Erinnerung zu rufen, was bereits über den Zerfall von Systemen gesagt wurde: Systeme zerfallen, wenn ihre inneren Widersprüche überhand nehmen und wenn einzelne Teile und das gesamte System die Fähigkeit zu einer regenerativen Anpassung an veränderte Umstände verloren haben. Eine weitere Aussage kann noch hinzugefügt werden: Gewöhnlich erzeugt der Vorgang des Zerfallens einer Gesellschaft ein hohes Maß an Gewalt und Destruktivität innerhalb der zerfallenden Gesellschaft, wie der Zerfall des Römischen Reiches und der mittelalterlichen Gesellschaft belegen. Die zunehmende Gewalt heutzutage kann als ein Hinweis auf die Zerfallstendenzen der technologischen Gesellschaft angesehen werden.

In der Geschichte gibt es eine ganze Reihe von Gesellschaften, die auf eine Weise zerfielen, daß man annehmen könnte, sie seien gestorben, um durch völlig neue gesellschaftliche Systeme wieder ersetzt zu werden. Auf der anderen Seite finden wir gesellschaftliche Systeme, in denen solch ein Zusammenbruch vermieden wurde, weil grundlegende Veränderungen des Systems zu seiner Fortdauer führten. Eines der am häufigsten zitierten Beispiele für den Zerfall eines gesellschaftlichen Systems ist das Römische Reich. Obwohl das letzte Wort über die Gründe für den Untergang des Römischen Reiches noch nicht gesprochen wurde, nimmt man doch im allgemeinen an, daß der Grund für seinen Zerfall in seiner Unfähigkeit zu suchen ist, sich an verändernde Umstände anzupassen. Insbesonders verfügte es nicht über die technologische Basis, die wirtschaftlichen Widersprüche zu lösen, die sich innerhalb des Systems entwickelt hatten. Somit wurde das bewegliche und kosmopolitische System des Römischen Reiches durch das Feudalsystem ersetzt, das Europa für ungefähr 1000 Jahre beherrschte.

Wenn wir vom Zerfall eines Systems sprechen, bedeutet das nicht, daß alle seine Teile einfach zerstört würden. Die Menschen in dem System oder ihre Nachfahren überlebten zusammen mit einem Gutteil ihres Wissens und ihrer Kultur. Als Europa vom Mittelalter zur Renaissance und zur modernen Epoche überging, wurden in Wirklichkeit viele der Bausteine, die von den griechischen und römischen Gesellschaften geschaffen worden waren, bei der Errichtung eines völlig anderen Systems wiederverwendet.

Es gibt viele andere Beispiele für den vollständigen Zerfall von gesellschaftlichen Systemen. Andererseits gibt es viele Gesellschaften, in denen ein Wandel des Systems stattfand, der die grundlegende Reintegration des alten Systems erlaubte. Ein augenfälliges Beispiel für eine solche Reintegration sind die Änderungen des kapitalistischen Systems zwischen dem Beginn des 19. Jahrhunderts und der Mitte des 20. Jahrhunderts. Diese Veränderungen hatten mit einer Reihe von Faktoren zu tun, vor allem mit dem gewaltigen Anwachsen der Produktivität mit Hilfe von immer effizienteren Maschinen und in letzter Zeit mit Hilfe der Kybernetik und Automation; andere Faktoren sind der Zwang zu zentralisierten Großunternehmen, der wiederum zum größten Teil durch die neuen technologischen Möglichkeiten bewirkt wurde, weiterhin das Bedürfnis, den Arbeiter in einen Verbraucher zu verwandeln, der gesellschaftliche und politische Druck der Gewerkschaften, das Bedürfnis nach mehr Bildung breiter Schichten, die immer komplizierteren Maschinen handhaben zu können.

Gewalttätige Revolutionen sind nicht unbedingt der Beweis für den Zerfall eines Systems. Alle Voraussetzungen für die bürgerliche Gesellschaft des 19. Jahrhunderts waren schon vor der Französischen Revolution gegeben; die Französische Revolution befreite die Gesellschaft nur noch von jenen Ketten, die weitergehende Veränderungen des Systems unmöglich gemacht hätten. Gegenwärtig liefert die Geschichte einige gute Beispiele dafür, wie gesellschaftliche Systeme zerfallen bzw. wie es zu Veränderungen bestimmter gesellschaftlicher und politischer Systeme kommt. Das System des Britischen Weltreiches zeigte bereits seit dem Ende des 19. Jahrhunderts Anzeichen seines langsamen Zerfalls, obwohl Großbritannien in zwei großen Kriegen in der ersten Hälfte des 20. Jahrhunderts siegreich war. Auf der anderen Seite erlebte das System des deutschen Imperialismus zwar bestimmte Veränderungen, doch es entwikkelte sich weiterhin im Sinne seiner grundlegenden Struktur, und zwar trotz der Tatsache, daß Deutschland militärisch und politisch in den gleichen zwei großen Kriegen gänzlich geschlagen worden war. Wieder bietet uns die Erforschung der Dysfunktion des britischen Systems im Unterschied zum guten Funktionieren des deutschen Systems (und wir müssen hinzufügen: des japanische Systems) ein hervorragendes Anschauungsmaterial, um die Gründe für den Zerfall bzw. für die Reintegration durch Anpassung der wirtschaftlichen und politischen Systeme zu verstehen. Bis jetzt gibt es zwar erst wenige Studien dieser Art, doch werden sie zweifellos durchgeführt werden und sehr zu unserem Verständnis der Gründe für den Zerfall gesellschaftlicher Systeme beitragen. Eine Tatsache ist jedoch bereits klar: Die wirtschaftlichen Voraussetzungen sind viel relevanter als die rein militärischen; darum wird die wirtschaftliche Eroberung und Besetzung die älteren Formen der militärischen Eroberung ersetzen.

c) Die Zukunft der gegenwärtigen technologischen Gesellschaft – Zerfall oder Reintegration?

Bisher ging es nur theoretisch um die Frage Reintegration oder Zerfall gesellschaftlicher Systeme. Viele von uns sind sich bewußt, daß dieses Problem heute, im Jahr 1969, nicht mehr nur ein theoretisches Problem ist. Es gibt die ernstzunehmende Frage, ob sich das westliche Gesellschaftssystem im Prozeß der Desintegration befindet und zerfällt oder ob eine Reintegration unseres Systems möglich ist. Zweifellos ist das westliche Gesellschaftssystem auf dem Höhepunkt seiner Macht: Die Entwicklung des theoretischen Denkens hat zu technischen Anwendungen geführt, die die Träume vergangener Generationen zu erfüllen scheinen. Seine Fähigkeit zu materieller Produktion auf der Grundlage der neuen Technologie wächst immer noch schneller. Die jüngste Reise um den Mond wurde von der großen Mehrheit der westlichen Bevölkerung deshalb so begeistert begrüßt, weil sie ein Beweis der Stärke und Leistungsfähigkeit unseres Systems zu sein scheint. Dennoch können all diese großen Erfolge des westlichen Systems nicht die Tatsache aus der Welt schaffen, daß wir schwerwiegenden Dysfunktionen des Systems und der Gefahr des Zerfalls gegenüberstehen. Einige der Widersprüche, die vielleicht zum Zerfall unseres technologischen Systems führen, sollen kurz erwähnt werden.

Der wichtigste Widerspruch ist wohl die Tatsache, daß die reichen Staaten reicher werden und die armen Staaten im Vergleich ärmer und daß keine ernsthaften Anstrengungen unternommen werden, diesen Trend zu ändern. Nichts zeigt diese Gefahr drastischer als die allgemein akzeptierte Voraussage der Experten, daß wir noch für die achtziger Jahre in der unterentwickelten Welt mit Hungersnöten von großem Ausmaß rechnen müssen.

Ein anderer Widerspruch liegt in der drastischen Kluft zwischen den traditionellen religiösen und humanistischen Werten, die in der westlichen Welt immer als gültig akzeptiert wurden, und den neuen technologischen Werten und Normen, die deren genaues Gegenteil sind. Die traditionellen Werte sagen, man solle etwas tun, weil es gut, wahr oder schön ist oder – um es anders auszudrücken – weil es der Entfaltung und dem Wachstum des Menschen dient. Der neue technologische Wert sagt, man solle etwas tun, weil es *technisch möglich* ist: Ist es technisch möglich, zum Mond zu fliegen, dann soll man es auch tun trotz der Tatsache, daß weitaus dringendere Aufgaben auf der Erde unerledigt bleiben. Ist es technisch möglich, die verheerendsten Waffen zu produzieren, dann soll man dies auch tun, ungeachtet der Tatsache, daß diese Waffen die ganze Menschheit auszulöschen drohen. Die Kluft zwischen den bewußten Wertsetzungen, die den Kindern gelehrt werden und an die die Erwachsenen noch immer glauben, und den ihnen widersprechenden Wertsetzungen, die das faktische Handeln der Erwachsenen bestimmen, führt zu einem Vergeuden menschlicher Energie, schafft ein schuldbewußtes Gewissen und ein Gefühl der Zwecklosigkeit.

Ein weiterer Widerspruch zeigt sich darin, daß die Industriegesellschaften auf der ganzen Welt die Fähigkeit anstreben, lesen und schreiben zu können und eine höhere Bildung fördern, ihr tatsächlicher pädagogischer Fortschritt dazu aber in scharfem Kontrast steht: Die Fähigkeit zu aktivem, kritischem Denken wird immer geringer. Nimmt auf der einen Seite die Fähigkeit, lesen und schreiben zu können, zu, schafft das Fernsehen auf der anderen eine neue

Art von Analphabetentum, bei dem der Verbraucher mit Bildern gefüttert wird. Er gebraucht seine Augen und Ohren, nicht aber seinen Verstand. Kurzum, während wir immer leistungsfähigere Maschinen produzieren, verliert der Mensch einige seiner wichtigsten Eigenschaften. Er wird zu einem passiven Verbraucher, gelenkt von der großen Organisation. Diese hat kein Ziel und keine Vision außer der, immer größer und effizienter zu werden und schneller zu wachsen.

Je mehr Macht der Mensch über die Natur hat, um so ohnmächtiger ist er gegenüber der Maschine. Einige wenige Beispiele sollen zeigen, daß sich unser ganzes System in einem Zustand bedrohlichen Ungleichgewichts befindet und daß bestimmte Teile des Systems ihre Fähigkeit, sich anzupassen und zu regenieren, verloren zu haben scheinen. Der Verlust der Fähigkeit zur Anpassung zeigt sich besonders deutlich in unserer Unfähigkeit, (1) die Atomwaffen abzuschaffen, mit der Folge, daß die Bedrohung einer völligen Zerstörung uns lähmt; (2) Fakten zu schaffen, mit denen die wachsende Kluft zwischen der armen und reichen Welt überwunden werden kann; (3) Maßnahmen zu ergreifen, die dem Menschen die Kontrolle über die Maschine geben, statt ihn zu ihrem Diener zu machen.

Wir stehen der historischen Frage gegenüber, ob die westliche Gesellschaft noch die Vitalität hat, die notwendigen Änderungen des Systems vorzunehmen, um den Zerfall zu verhindern, oder ob wir die Kontrolle verloren haben und folglich auf eine Katastrophe zusteuern. Für die meisten Beobachter scheinen wir noch die technische Fähigkeit zu einer Reintegration des Systems zu haben. Unsere größte Schwäche liegt jedoch in der Tatsache begründet, daß wir keine Analyse des Systems vornehmen und daß Einzelinteressen den Vorrang haben vor dem Interesse an einer Reintegration des gesamten Systems. Es gibt einige Beobachter, Jacques Ellul in Frankreich etwa oder Lewis Mumford in den Vereinigten Staaten, die wenig Hoffnung haben, daß der Prozeß des Zerfalls gestoppt werden kann, obwohl auch sie die Möglichkeit nicht ausschließen. Es gibt viele andere, die nur an das lineare Denken in den Kategorien von Ursache und Wirkung gewöhnt sind. Sie glauben, der Zerfall des Systems könne gestoppt werden, indem man sich mit den Symptomen befaßt. Und es gibt eine Minderheit, die glaubt, man müsse das System vernichten, um ein besseres zu errichten. Sie scheinen nicht zu sehen, daß solch eine Zerstörung im günstigsten Fall für Jahrhunderte zu Blutvergießen und Barbarei führen würde. Angesichts der gegenwärtigen Ausrüstung mit zerstörerischen Kräften würde eine solche Lösung wahrscheinlich nicht nur zu der Zerstörung des gegenwärtigen Systems führen, sondern auch zur physischen Zerstörung des größeren Teils der Menschheit, wenn nicht allen Lebens.

Die Erforschung des Zerfalls von Systemen, insbesondere von gesellschaftlichen Systemen, scheint mir in der Situation, in der wir uns befinden, nicht nur von höchstem theoretischem Interesse zu sein, sondern eine lebenswichtige Notwendigkeit zu sein, wenn wir überleben sollen. Niemals war die menschliche Fähigkeit, zu verstehen, die Fähigkeit zu kritischem und analytischem Denken, für das Überleben der menschlichen Rasse notwendiger als heute.

5. Auf der Suche nach der humanistischen Alternative (1968)

Während der amerikanischen Präsidentschaftskandidatenwahl 1968 setzte sich der 68jährige Fromm mit Enthusiasmus für einen Kandidaten der Demokratischen Partei ein (vgl. auch die Zeitungsanzeige von Erich Fromm „Warum ich für McCarthy bin" (E. Fromm, 1990b, S. 256–260) sowie die Wahlkampfrede für Eugene McCarthy im Kapitel II des vorliegenden Bandes). In Eugene McCarthy sah Fromm eine Personifizierung des Humanismus, einen Hoffnungsträger für eine grundlegende Veränderung der Menschheitsgeschichte. Fromm hielt selbst viele Wahlreden und war monatelang unterwegs. Er schrieb darüber hinaus eine ganze Reihe von sogenannten „Memos", Notizen, die er Eugene McCarthy für dessen Wahlkampfreden zukommen ließ und die McCarthy – mehr oder weniger verändert – für seine eigenen Reden übernahm.

Die nachfolgende Wahlkampfrede war ein solches „Memo", das Fromm am 16. März 1968, also eine Woche vor Fromms 68. Geburtstag, schrieb. Thematisch greift es die brennenden Fragen auf, die er etwas später in dem Buch Die Revolution der Hoffnung *(1968 a) ausführlicher darstellt. Vor allem aber zeigt der Schlußteil der Rede, wie sehr Fromm von der Mobilisierung einer alternativen humanistischen „Bewegung" angetan war, von der er zu diesem Zeitpunkt glaubte, daß es für sie in der amerikanischen Bevölkerung eine breite Basis gäbe. Daß sich Fromm selbst nicht zum Motor einer solchen alternativen Bewegung machte, mag mit dem Schock zu tun haben, den die Wahl des Republikaners Nixon auslöste. Sicher ist, daß ihm ohnehin ein Engagement durch den am 7. Dezember 1966, also noch vor der Kampagne um die Präsidentschaftskandidaten, erlittenen Herzinfarkt unmöglich gemacht wurde. – Die Übersetzung stützt sich auf eine Vorlage, die Linda Geckeler anfertigte.*

a) Die Menschheit am Scheideweg

Wir wissen alle um die Gefahren, die der Welt und den Vereinigten Staaten durch einen Atomkrieg drohen. Ebenso bekannt ist uns die immer tiefer werdende Kluft zwischen armen und reichen Nationen, der Verfall amerikanischer Städte und das Scheitern der Bemühungen, die Situation der „unterentwickelten" Schichten der amerikanischen Bevölkerung zu ändern. Bekannt ist auch, daß wir trotz dieses Wissens keinen Plan und keinen wirkungsvollen Ansatz haben, um den Lauf der Dinge zu ändern, der, wenn er seiner eigenen Logik folgen darf, zum Zusammenbruch der

Zivilisation führen kann oder möglicherweise zur völligen Vernichtung der Menschheit.

In den hochindustrialisierten Ländern, speziell in den Vereinigten Staaten, läßt sich im Zusammenhang mit der gesellschaftlichen Organisation noch ein weiteres Phänomen erkennen: der gänzlich bürokratisierte Industrialismus, jene Maschinerie, die aus Maschinen *und* Menschen besteht. Lewis Mumford hat sie die „Megamaschine" (1967) genannt. Das Bild dieser Gesellschaft wurde 1946 von Aldeous Huxley in *The Brave New World* in Romanform gezeichnet; Lewis Mumford kommt zu diesem Bild auf Grund einer eindrücklichen kulturellen und gesellschaftlichen Analyse; kürzlich hat, wenn auch viel oberflächlicher, Zbigniew Brzezinski (1968) von dieser Gesellschaft als einer „technetronen" gesprochen. In glänzender Weise, wenn auch völlig oberflächlich spricht Herman Kahn (1967) in seinem Buch *In the Year 2000* von ihr. In dieser neuen Gesellschaft der zweiten industriellen Revolution gibt es kein Individuum mehr. Der Mensch erliegt völlig der Entfremdung. Er wird programmiert von den Prinzipien der maximalen Produktion, des maximalen Konsums und der minimalen Reibung. Er versucht, sich von seiner Langeweile zu befreien durch alle Arten von Konsum, einschließlich Drogen und Sex. Zusammen mit neurologisch und physiologisch erzeugten Veränderungen in seinen Gefühlen und mit der Manipulation seiner Denkprozesse durch suggestive Methoden werden sie zum Einsatz gebracht, um für das reibungslose Funktionieren des Menschen als eines Teiles der Megamaschine zu sorgen.

Mit der Entwicklung dieser neuen Gesellschaft geht eine Änderung im Leben des Menschen einher, im Vergleich zu der der Wandel von der mittelalterlichen zur modernen Gesellschaft verblaßt und revolutionäre Veränderungen wie die Folgen der Französischen und Russischen Revolution zu unbedeutenden kleinen Wellen der Geschichte werden.

Viele sehen diese Entwicklung als unvermeidbar an oder halten sie für segensreich. Sie übersehen die Tatsache, daß der Mensch nicht dazu geschaffen ist, ein passives, totes „Ding“ zu sein. Vielmehr wird der Zustand einer leichten chronischen Schizophrenie (durch die Trennung des Denkens vom Affekt) und die Depression, die wir in ihren Anfängen schon jetzt sehen können, entweder zu Ausbrüchen von wahnsinniger Gewalt führen oder zum Aussterben solcher Gesellschaften auf Grund fehlender Vitalität.

Zwischen welchen Alternativen können wir wählen? Die Mehrheit der Menschen, einschließlich der Menschen guten Willens und der Intelligenz, hofft das Beste und läßt den Dingen einfach ihren Lauf. Bei dieser Lösung vermeidet man zwar schlaflose Nächte, doch ändert man mit ihr nicht den Gang der Ereignisse und die Entwicklung auf eine Katastrophe hin.

Eine zweite Möglichkeit könnte man die „maoistische Alternative“ nennen (obwohl man nicht sicher sein kann, ob jene, die sich selbst für Maoisten halten, wirklich die Meinung und die Intentionen der chinesischen Führer repräsentieren). Diese Alternative geht von der Voraussetzung aus, daß sich das System auf eine Katastrophe zubewegt und daß keinerlei Reform diesen Verlauf ändern kann. Die einzige Möglichkeit, die Katastrophe zu verhindern, besteht hier in der Änderung des Systems selbst, wobei diese Änderung nur durch eine Revolution von internationalem Ausmaß herbeigeführt werden kann. Erst wenn deshalb alle unterentwickelten Länder sich gegen die Industrieländer und besonders deren Führer – die Vereinigten Staaten – wenden, werden sie fähig sein, das System zu stürzen – so wie die chinesischen Bauern ihre Herrscher in den Städten stürzten. Zweifellos klingt diese Lösung sehr logisch und kühn. Dennoch ist sie eine Alternative der Verzweiflung, gemischt mit einer Portion Romantik, nichtssagenden Phrasen und Abenteuertum. Ein Generalangriff auf die Vereinigten Staaten würde zum Faschismus in den Vereinigten Staaten und wahrscheinlich in allen anderen Industrieländern führen, in der übrigen Welt aber zu den skrupellosesten Diktaturen. Sollten sich die herrschenden Kräfte in den Vereinigten Staaten ernsthaft bedroht fühlen, wären sie gezwungen, einen Atomkrieg zu riskieren, wenn nicht die Chinesen selbst einen solchen Krieg entfesseln würden. Aber diejenigen, die solch ein Programm befürworten, vergessen, daß die amerikanische Gesellschaft sich noch nicht in einem Zustand der Desintegration befindet. Viele Amerikaner, junge und alte, sind nicht gewillt, sich auf den Weg von Zerstörung oder Faschismus führen zu lassen. Überdies gibt es kein Anzeichen in den Vereinigten Staaten für das, was eine „revolutionäre Situation" genannt werden könnte. Eine solche existiert nur in den romantischen Phantasien einer kleinen Zahl von Leuten. Darum ist der Einsatz revolutionärer Mittel in einer nicht-revolutionären Situation tatsächlich nur großartiges Gerede und Abenteuertum.

Ich glaube, daß es einen dritten Weg gibt. Diese Möglichkeit, so gering sie auch ist, bietet sich vielleicht derzeit zum letzten Mal. Und eine solche Alternative ist nur real, solange die amerikanische Gesellschaft nicht die grundlegenden Elemente einer demokratischen Gesellschaft verloren hat und solange es noch eine ausreichende Anzahl von Menschen gibt, die seelisch noch nicht verstümmelt sind, weil sie zu Robotern und Organisationsmenschen werden.

Die erste Frage, die es zu untersuchen und zu erörtern gilt, wenn man von einem dritten Weg spricht, betrifft die Größe jener Gruppe von jungen und älteren Amerikanern, bei der sich noch ausreichend viel an menschlicher Substanz, an humanistischer und auch an spezifisch amerikanischer Tradition erhalten hat, um an sie intellektuell und emotional appellieren zu können. Gibt es noch genügend Amerikaner – von den Konservativen bis zu den Radikalen –, die „bewegt" werden können? Mit „Bewegen" meine ich sowohl, daß sie in ihren Gefühlen bewegt werden können, wie daß sie sich zu Handlungen bewegen lassen. Ich behaupte nicht, die Antwort auf die Frage zu wissen, wie viele Amerikaner noch bewegt werden können; niemand weiß die Antwort. Auf Grund meiner eigenen Beobachtung aber glaube ich, daß es noch genügend Amerikaner gibt. Es kommt übrigens nicht darauf an, daß diese alle ein klares Bewußtsein der Gefahren und Alternativen haben. Entscheidend ist, daß sie die Wahrheit ahnen und daß ihnen das, was sie nur undeutlich ahnen, bewußt gemacht werden kann. Das Bewußtwerden der Gefährdung durch die Megamaschinen-Gesellschaft könnte deshalb Konservative *und* Radikale mobilisieren, weil die Bedrohung so groß ist, daß sie die grundlegenden Interessen all derer berührt, die noch nicht völlig entfremdet sind und deshalb durch die Bedrohung alarmiert werden können.

b) Die Bedingungen für eine humanistische Alternative

Die erste Bedingung für eine humanistische Alternative ist, daß die Menschen sich der Situation *bewußt werden*. Dies ist etwas anderes, als nur den zur Kenntnis genommenen Ideen zuzustimmen. Bewußtwerden bedeutet, für etwas wach zu werden, das man gefühlt oder gespürt hat, ohne es zu denken, aber immer schon geahnt hat. Es ist ein Prozeß, der eine belebende und kraftgebende Wirkung hat, weil es ein innerer aktiver Prozeß ist und kein passiver Vorgang des Hörens, Übereinstimmens oder Widersprechens.

Abgesehen von der Notwendigkeit des Bewußtwerdens, muß sich dieses auf das gesamte System beziehen und nicht auf isolierte und bruchstückhafte Aspekte. Es genügt nicht, sich dessen bewußt zu werden, daß der Krieg in Vietnam sinnlos, gefährlich und unmoralisch ist; daß die Gewalt der Schwarzen eine zwangsläufige Folge des Elends ihres Gettolebens ist; daß mehr Konsum und der Gebrauch von immer mehr Apparaten das Glück nicht erhöhen, sondern nur die Langeweile betäuben. Man muß sich bewußt werden, daß all diese Phänomene Teile eines Systems sind, das unweigerlich alle diese Symptome hervorbringt. Man erreicht deshalb nichts, wenn man isolierte Symptome bekämpft; vielmehr muß man das System ändern, in dem diese wurzeln.

Es gilt, sich der Tatsache eines in zunehmendem Maße völlig bürokratisierten Industriesystems bewußt zu werden, dessen Leitwerte Macht, Prestige und Vergnügen sind, und das von den Prinzipien der maximalen Produktion bei minimaler Reibung programmiert wird. Man muß sich bewußt werden, daß dieses System als ein Ganzes den Menschen entmenschlicht. Der Mensch beherrscht nicht mehr – wie noch im 19. Jahrhundert – die Maschinen, sondern wird von ihnen beherrscht. Dies gilt für den Arbeiter ebenso wie für den Manager. Schließlich müssen sich die Menschen bewußt sein, daß dieses System nur mit ihrem Einverständnis und ihrer Hilfe funktioniert. Wenn sie es ändern wollen, dann kann es auch geändert werden, solange es demokratische Prozesse gibt.

Sich des Systems bewußt zu werden, reicht aber noch nicht aus. Die Menschen müssen *Alternativen* vor Augen haben. Tatsächlich ist eines der Haupthindernisse, vernünftig und angemessen zu handeln, darin zu sehen, daß die Menschen entweder keine Alternativen zum *Status quo* erkennen oder daß ihnen falsche und demagogische Alternativen dargeboten werden, mit denen ihnen eindringlich bewiesen werden soll, daß es keine echten Alternativen gibt. Eine dieser irreführenden Alternativen lautet, entweder in das vorindustrielle Zeitalter zurückzukehren oder die Megamaschinen-Gesellschaft zu akzeptieren. Im politischen Bereich lautet eine solche Alternative: Entweder den Zusammenbruch der Vereinigten Staaten zu wollen oder wegen der Domino-Theorie [derzufolge ein Land nach dem anderen wie Dominosteine dem Kommunismus anheimfallen wird] den Vietnam-Krieg fortzusetzen, bis die Zerstörung ganz Vietnams erreicht ist, auch wenn Amerika dabei schwere materielle und moralische Verluste erleidet.

Eine andere, irreführende Alternative ist die zwischen der Enteignung allen Besitzes und der totalitären verwalteten Gesellschaft. Noch eine andere ist die zwischen theistischer Religion (Christentum) und seelenlosem, götzendienerischem Materialismus. Die wichtigste aller falschen Alternativen ist wohl die zwischen dem sogenanntem „Realismus", worunter man einen Automatismus versteht, der keine Urteile auf Grund menschlicher Werte mehr kennt, und einem Utopismus, bei dem es keine realen und glaubwürdigen Ziele mehr gibt, nur weil diese noch nicht realisiert sind.

Es ist wichtig, den Menschen die Tatsache bewußt zu machen, daß es echte Alternativen gibt, das heißt, reale Möglichkeiten, die weder das Alte noch dessen fiktives Gegenteil sind. Die echte Alternative im Bereich der gesellschaftlichen Organisation ist die eines humanistischen Industrialismus mit Hilfe von Dezentralisierung, Selbstverwaltung, verantwortlicher Tätigkeit des einzelnen auf allen Ebenen. Hierzu bedarf es keiner Enteignung von Besitz. Vielmehr gilt es, seine Verwaltung zu kontrollieren mit Hilfe von Leitwerten, denen es um die beste Entwicklung des Menschen geht. Die Möglichkeit der Gesetzgebung und Verbesserungen der Verfassung werden hierzu wahrscheinlich ausreichen, aber selbst Verfassungsänderungen könnten Teil des demokratischen Prozesses sein.

Im seelischen und spirituellen Bereich gibt es die neue Alternative eines Bezugsrahmens, der Theisten und Nicht-Theisten gemeinsam ist. Bei diesem Bezugsrahmen besteht der Sinn des Lebens in der völligen Entwicklung der menschlichen Eigenkräfte, insbesondere der von Vernunft und Liebe, im Transzendieren der Enge des eigenen Ichs und in der Entwicklung der Fähigkeit, sich hingeben zu können, in der vollen Bejahung des Lebens und von allem Lebendigen im Unterschied zur Anbetung von allem Mechanischen und Toten. Die echte Alternative zu Realismus und Utopismus erwächst aus dem Syndrom von Denken, Erkenntnis, Vorstellungsvermögen und Hoffnung. Dieses befähigt den Menschen, die realen Möglichkeiten zu sehen, deren Keime bereits vorhanden sind. Fehlt auch nur ein einziges Element dieses Syndroms, lassen sich keine neuen Alternativen erkennen. Die wirkliche Alternative, die hier vorgeschlagen wird, strebt radikale Änderungen mit Hilfe von demokratischen Prozessen an. Sie werden möglich, wenn sich ein großer Teil der amerikanischen Bevölkerung dazu „bewegen" läßt, radikale Veränderungen dem physischen und geistigen Tod vorzuziehen.

Die Kritik an dem System, auf das wir uns zubewegen, und die Vision neuer Alternativen wurden von einer ganzen Reihe von Autoren, die sich mit diesem Problem beschäftigt haben, vorgebracht. Unser Wissen ist jedoch noch unzureichend. Vor allem bezüglich der Alternativen sind noch viele Forschungen und Experimente nötig, um die generellen Ideen in konkrete Vorschläge umzusetzen. Dies trifft insbesondere auf die Frage der Dezentralisierung, der Selbstverwaltung, der Eigenart der rationalen im Unterschied zu den irrationalen menschlichen Bedürfnissen, der Anreize für die Arbeit, des Problems von Aktivität im Unterschied zu Passivität, einer radikalen humanistischen Philosophie und vieler anderer Probleme zu. Eines der dringendsten konkreten Probleme ist hierbei die Entscheidung, ob der Gebrauch von Computern, die Kybernetisierung und die Automatisierung gebremst oder verändert werden muß, um dem Menschen die Chance zu geben, seine Kontrolle über die Maschinen wiederzuerlangen.

Werden sich die Menschen einmal der grundlegenden Probleme bewußt und fangen sie an, Fragen zu stellen, fühlen sie sich herausgefordert und suchen – wahrscheinlich in vielen Fällen erfolgreich – nach den besten Köpfen und den engagiertesten Menschen in den verschiedenen Gesellschafts- und Naturwissenschaften, wie auch in der Medizin, der Architektur und Stadtplanung, um die Möglichkeiten humanistischer, alternativer Systeme in detaillierter und konkreter Form zu erforschen. Der wesentliche Unterschied zu den entfremdeten und mechanistischen Alternativen, die von „Denkpanzern" à la Herman Kahn entwickelt wurden, ist darin zu sehen, daß das humanistische System bei allem Planen und bei allen Voraussagen immer vom Menschen als der zentralen Kategorie ausgeht. Für die Arbeiten von Herman Kahn und für ähnliche Arbeiten von anderen ist charakteristisch, daß sie sich mit mehr oder weniger vorhersagbaren technischen Möglichkeiten beschäftigen, nicht aber mit dem Menschen, der von diesen technischen und gesellschaftlichen Veränderungen betroffen wird, und auch nicht mit den Veränderungen im Menschen und der Frage, wie diese sich auf die gesellschaftliche Organisation auswirken. Sie ignorieren die Werturteile, mit denen der Mensch sich entscheiden muß, ob er lieber maximalen Konsum und somit maximale Entfremdung will oder ob er weniger Konsum will, das heißt, nur so viel Konsum, wie man zu einem *menschlich* reicheren Leben braucht, so daß der Konsum innerhalb jener Dimensionen gehalten wird, die zur menschlichen Wirklichkeit gehören. Der entfremdete, quasi-schizophrene Stil, der für viele Sozialwissenschaftler kennzeichnend geworden ist, führt notwendigerweise dazu, daß der Mensch als ein fühlendes, lebendiges, leidendes und denkendes Lebewesen aus der gesellschaftlichen Analyse eleminiert wird.

c) Die Notwendigkeit einer alternativen „Bewegung"

Selbst wenn ein beträchtlicher Teil der amerikanischen Bevölkerung „bewegt" werden könnte, und selbst wenn es durch ein neues Interesse an Alternativen zu vielen Projekten käme, wäre dies noch nicht genug. Es ist tatsächlich so, daß selbst die besten Ideen, Programme und Visionen aus sich heraus noch keine bleibende Wirkung auf den Menschen haben, es sei denn, ihm wird eine Möglichkeit gegeben, zu handeln, teilzunehmen und Ideen und Ziele mit anderen zu teilen. Sind Menschen wirklich „bewegt", dann werden sie den Kern einer „Bewegung" bilden. Diese Bewegung muß ihnen erlauben, bei bestimmten Aktionen je verschieden kooperieren zu können, Gefühle, Ideen und Hoffnungen teilen zu können, Opfer zu bringen und bis zu einem gewissen Grad gemeinsame Symbole oder sogar Rituale zu haben. Damit eine Idee effektiv werden kann, muß sie in Gruppengefühlen und Gruppenaktivitäten Fleisch werden. Es läßt sich zeigen, daß Ideen, die einflußreich geworden sind, von kleinen Gruppen von Enthusiasten verbreitet wurden. Sie beeindruckten andere durch ihren Enthusiasmus und ihre Lebensweise, durch ihre Ideen und vor allem durch die Tatsache, daß sich der Geist der Idee in der Art und Weise ausdrückte, wie die Gruppen sich selbst bildeten und in den Formen, in denen sie die Idee umsetzten. (Die Essener, die frühen Christen, die klösterlichen Gruppen, die Jesuiten, die Quäker, die Freimaurer und die frühen sozialistischen und anarchistischen Gruppen sind nur einige Beispiele.)

Gerade die Intellektuellen sollten erkennen, wie groß das Bedürfnis nach gemeinsamer Aktion und einem verbindenden Gefühl ist. Dies gilt insbesondere für die Jungen und auch für jene, deren Hauptbeschäftigung weder intellektuell noch künstlerisch ist. Intellektuelle sind oft so sehr mit den Problemen, an denen sie arbeiten, beschäftigt, daß sie wenig Bedürfnis nach einem Gruppenerleben verspüren und nur wenig Verständnis aufbringen für die Bedürfnisse jener, die Führung und Kameradschaft für sinnvolles Handeln suchen. Eine typische Reaktion dieser Menschen lautet: „Das mit den Ideen ist ja alles gut und wahr, aber was kann *ich* dabei tun?" Der Intellektuelle weiß, was *er* tun kann; er denkt noch weiter nach, schreibt ein weiteres Buch und hält vielleicht Vorträge. Wenn dies alles gesagt und getan ist, fühlt sich der Student oder auch der ältere Mensch, der sich nicht aktiv am intellektuellen Prozeß beteiligt, allein gelassen. Und sie sind es auch. Ihre Frage: „Was kann ich dabei tun?“ hat tatsächlich eine doppelte Bedeutung. Die eine ist: „Wie können wir das System ändern?“, die andere: „Was können Sie vorschlagen, das *ich* jetzt *tun* kann?“ Es stimmt, daß ein kleiner Prozentsatz aktivistischer Jugendlicher Mittel und Wege gefunden hat, „etwas zu tun“. Sie organisieren und nehmen teil vor allem an Protesten, Protestdemonstrationen, Sitzstreiks, Taten des zivilen Ungehorsams oder mischen sich in den Rassenkampf ein. Die meisten dieser Aktivitäten sind notwendig und von großer Bedeutung. Ihre Wirksamkeit ist dennoch begrenzt, da es ihnen gerade auf Grund ihrer Natur, bloße Proteste zu sein, nicht gelingt, eine ausreichend große Anzahl von Menschen anzuziehen und jenen großen Teil der amerikanischen Bevölkerung zu „bewegen“, der in Bewegung kommen muß, wenn es eine grundlegende Änderung geben soll.

Ich schlage vor, daß Menschen – jung und alt –, die ernsthaft an die Notwendigkeit einer Alternative glauben, sich in Gruppen organisieren. Die Bedeutung solcher Gruppen hat meiner Meinung nach Lewis Mumford mit seiner Analyse der geschichtlichen Funktion kleiner Gruppen überzeugend aufgewiesen. Er kommt in seinem Buch *The Myth of the Machine* (1967, S. 233) zu dem Schluß: „Kleine, scheinbar hilflose Organisationen, die einen inneren Zusammenhalt und einen eigenen ‚Geist‘ haben, erwiesen sich bei der Überwindung von Willkürmacht auf lange Sicht oft als wirksamer als die größten Militärmächte – und sei es nur deshalb, weil sie so schwer niederzuhalten und ihnen so schwer beizukommen ist.“

Diese [*face-to-face*] Gruppen sollten relativ klein sein und nicht mehr als 100 Mitglieder haben, so daß sie sich untereinander noch kennen können. Um eine demagogische Führung und um Ideologiebildung zu vermeiden, sollte es keine zentrale Autorität geben, die die Gruppe kontrolliert (in dieser Hinsicht sind die Quäker ein gutes Beispiel). Sie müssen eine gemeinsame Idee haben, nämlich die Suche nach der „humanistischen Alternative", und sie sollten die verschiedenen möglichen Wege, die zu diesem Ziel führen, erörtern. Sie sollten für alle politischen und religiösen Glaubensbekenntnisse offen sein und keine bestimmte Auffassung zur Bedingung für eine Mitgliedschaft machen. Es ist meiner Meinung nach von entscheidender Bedeutung, daß diese Gruppen sich prinzipiell von Diskussionsgruppen unterscheiden sollten. Die Teilnehmer sollten sich zu einer besonderen Lebensführung verpflichten, die Opfer verlangt. Denkbar wäre etwa, daß die Mitglieder dem unnötigen und entfremdenden Bedürfnis entsagen, sich technische Spielereien zu kaufen; daß sie 10 Prozent ihres Einkommens für Zwecke spenden, mit denen die Ziele der Bewegung gefördert werden; daß sie einen neuen Lebensstil entwickeln, einen Stil der Offenheit, Wahrhaftigkeit und des Realismus; daß sie einen gewissen Teil ihrer Zeit dem Studium und der aktiven Propagierung der Ziele der Bewegung bei jenen widmen, mit denen sie gesellschaftliche Kontakte haben und mit denen sie zusammenarbeiten; daß sie Objektivität und keinen Fanatismus und zugleich Sicherheit und Mut in ihrem Verhalten zeigen. Das bedeutet zum Beispiel, daß sie heute ihren Protest gegen den Krieg in Vietnam ausdrücken und dagegen protestieren würden, daß die Versuche, die Slums für Schwarze und Weiße zu beseitigen, gescheitert sind. Dies würde auf eindeutige Weise geschehen und so, wie die betreffende Person es mit ihrem Gewissen vereinbaren kann.

Die Gruppe sollte zumindest ein Minimum an gemeinsamen Symbolen und Ritualen haben. Man könnte sich denken, daß Zeiten gemeinsamer Stille und Meditation zu den „rituellen" Ausdrucksformen gehören. Die Lebensführung der Mitglieder sollte von praktischer Solidarität bestimmt sein, sowie Fanatismus und Egoismus überwinden. Alle diese Ideen sind nur mögliche Vorschläge. Sie sollen nur die Art der Aktivität zeigen, auf die ich mich beziehe. Ein detailliertes und verbindliches Programm für das Leben in einer Gruppe auszuarbeiten, ist von jenen ernsthaft und eingehend zu leisten, die an einer solchen Gruppe teilnehmen wollen. Erwartungsgemäß würden diese Gruppen nur den aktiven Kern einer Bewegung bilden, doch sie würden eine große Anzahl von Menschen, die mit ihnen sympathisieren, anziehen und diese durch ihre Hingabe und Ernsthaftigkeit, aber auch durch die von den Gruppen ausgehenden konkreten Vorschläge und Anregungen beeinflussen. Einige ältere Intellektuelle sollten sich den Gruppen anschließen, jedoch nicht als deren „Führer"; sie sollten sich vielmehr ebenso für die Situation der jungen Mitglieder interessieren, wie diese für die Älteren und Erfahreneren aufmerksam sein sollten.

6. Ein neuer Humanismus als Voraussetzung für die eine Welt (Vortrag aus dem Jahr 1962)

Unter dem Titel „A New Humanism as a Condition for the One World" hielt Erich Fromm am 4. April 1962 in der Sherwood Hall in La Jolla, Kalifornien, einen Vortrag, der sich nicht nur als Mitschnitt, sondern auch in Manuskriptform im Nachlaß fand. Die Übersetzung ins Deutsche stützt sich auf eine Vorlage, die Linda Geckeler anfertigte.

Es gibt keinen Zweifel daran: Die *eine* Welt ist im Entstehen. Wahrscheinlich ist dies das revolutionärste Ereignis in der Geschichte der Menschheit. Die eine Welt kündigt sich, wie bereits beobachtet werden kann, darin an, daß die industrielle Produktion schließlich allen Völkern der Welt gemeinsam sein wird und – durch unsere neuen Kommunikationsmethoden noch verstärkt – eine größere Nähe zwischen allen Menschen schaffen wird. Allerdings ist es fraglich, ob das Kommen der einen Welt den Lebenswert steigern wird oder ob alles in einem großem Schlachtfeld enden wird.

Ist der moderne Mensch des 20. Jahrhunderts tatsächlich darauf vorbereitet, in *einer* Welt zu leben? Oder ist es so, daß wir zwar intellektuell im 20. Jahrhundert, gefühlsmäßig aber in der Steinzeit leben? Stimmt es nicht, daß bei aller Vorbereitung auf diese eine Welt unsere Gefühle und Affekte noch jene der *Stammesstruktur* sind? Teilen wir nicht genau jene Haltung, die wir bei den allermeisten primitiven Stämmen finden? Dort hat man nur zu den Mitgliedern des eigenen Stammes Vertrauen, und nur ihnen gegenüber fühlt man eine moralische Verpflichtung. Auch wenn es trivial klingt, so trifft es doch genau den Punkt: Verbunden fühlen wir uns mit denen, die das gleiche Essen haben, die die gleichen Lieder singen und die die gleiche Sprache sprechen. In einer solchen Stammesstruktur wird der Fremde mit Argwohn betrachtet, und alles Böse in einem selbst wird auf den Fremden projiziert. Die Moral der Stammesstruktur ist immer nur eine Moral für den Binnenbereich, nur für die Mitglieder des gleichen Stammes gültig. Dabei macht es – menschlich gesehen – nicht den geringsten Unterschied, ob dieser Stamm aus 100 Menschen besteht oder ob zu ihm 1000 oder 500 Millionen Menschen gehören. Immer ist der Fremde einer, der nicht zum gleichen Stamm gehört und deshalb nicht als ein vollwertiges menschliches Wesen empfunden wird.

Wir befinden uns noch immer mitten in einer Stammesstruktur. Wir nennen sie *Nationalismus*. Wir scheinen den Nationalismus wie die große Befreiung der eigenen Nationen aus der vormaligen Abhängigkeit von noch stärkeren Völkern zu begrüßen – und bis zu einem gewissen Grade stimmt dies ja auch. Gleichzeitig sehen wir aber auch, daß der Nationalismus, der in der westlichen Welt wirklich erst vor 150 Jahren als Folge der Französischen Revolution seinen Anfang nahm, nun zum vorherrschenden Gefühl fast überall auf der Welt geworden ist. Meines Erachtens ist dies eine sehr gefährliche Entwicklung. Lernen wir es nämlich nicht, als der *eine* Mensch in der *einen* Welt zu leben, dann wird dieser Nationalismus Bedingungen und Situationen hervorbringen, die die Gefahr heraufbeschwören, daß der Mensch sich selbst zerstört. Ohne einen neuen Humanismus gibt es deshalb die eine Welt nicht.

a) Zur Geschichte der Idee des Humanismus

Mit der Kennzeichnung „neuer Humanismus" als Voraussetzung für die *eine* Welt meine ich in Wirklichkeit nicht etwas ganz Neues. Der Humanismus als Philosophie ist schon ungefähr 2500 Jahre alt. An ihm ist nichts Neues, außer daß er für uns neu ist. Wir haben den Humanismus während der vergangenen 50 Jahre vergessen. Deshalb möchte ich zunächst die Geschichte der humanistischen Idee in Erinnerung rufen. Eigentlich müßte ich auch über den chinesischen und indischen Humanismus sprechen, wie er sich im Taoismus und Buddhismus manifestierte. Aus Zeitgründen beschränke ich mich auf den Humanismus in der westlichen Tradition und beginne mit der Idee des Humanismus im Alten Testament.

Die Idee des Humanismus drückt sich im Alten Testament zum Beispiel darin aus, daß Gott nur *einen* Menschen erschafft, Adam. Wie talmudische Quellen sagen, werden damit zwei Dinge angezeigt. Erstens kann kein Mensch sagen: „Ich stehe über Dir, weil meine Vorfahren über den Deinen standen." Zweitens drücke sich darin aus, daß jeder, der ein einziges Leben rettet, dem gleicht, der die Menschheit rettet, und jeder, der ein einziges Leben zerstört, dem gleicht, der die Menschheit zerstört.

Ein anderer Ausdruck der humanistischen Idee vom *einen* Menschen ist die Aussage des Alten Testaments, daß der

Mensch als Ebenbild Gottes geschaffen ist. Weil alle Menschen Gott zum Ebenbild geschaffen sind, sind sie trotz der Tatsache, daß sie nicht dieselben sind, doch alle gleich. Schließlich findet sich bereits im Alten Testament ein bedeutendes Liebesgebot, das oft übersehen und nicht beachtet wird; es bezieht sich nicht nur auf die Nächstenliebe, sondern auf die Liebe zum Fremden. Der Fremde ist genau der, mit dem wir nicht vertraut sind, der nicht zum gleichen Stamm oder zum gleichen Volk oder zur gleichen Kultur gehört. Die Bibel sagt: „Liebt den Fremden, denn ihr wart selbst Fremde in Ägypten und kennt deshalb die Seele des Fremden." [Vgl. Lev 19,33.] Nur wenn man das erfahren hat, was der Fremde erfährt, wenn man sich in seine Lage versetzt, kann man ihn verstehen. Allgemeiner ausgedrückt: Nur wenn man das wahrnehmen kann, was jedes andere menschliche Wesen empfindet, kann man es verstehen und kann man wissen, was es fühlt.

Den deutlichsten Ausdruck der humanistischen Idee findet man im Alten Testament wohl in der prophetischen Vorstellung des Messianismus. Hier wird das Stammesgefühl überwunden mit der Vision, daß alle Völker gleichermaßen von Gott geliebt sind und daß keine einzelne Nation begünstigt ist. Jesaja sagt im Blick auf Ägypten und Assur (die damals die beiden traditionellen Feinde der Hebräer waren): „An jenem Tag wir eine Straße von Ägypten nach Assur führen, so daß die Assyrer nach Ägypten und die Ägypter nach Assur ziehen können. Und Ägypten und Assur werden dem Herrn dienen. An jenem Tag wird Israel als drittes Land dem Bund von Ägypten und Assur beitreten, zum Segen für die ganze Erde. Denn der Herr der Heere wird sie segnen und sagen: Gesegnet ist Ägypten, mein Volk, und Assur, das Werk meiner Hände, und Israel, mein Erbteil." (Jes 19,23–25)

Die gleiche humanistische Tradition setzt sich im Neuen Testament fort. Dort gibt es das Gebot der Feindesliebe [Mt

5,44]. Zwischen der Feindesliebe und der Fremdenliebe besteht in Wirklichkeit nur ein sehr kleiner Unterschied. Wenn ich nämlich den Fremden liebe, hört dieser auf, ein Fremder zu sein und wird mein Nächster, wird „Ich"; liebe ich den Feind, dann hört auch er wirklich auf, ein Feind zu sein. Seinen Feind zu lieben, ist ein Paradoxon, weil es eigentlich, wenn ich den Fremden und den Feind liebe, keinen Feind mehr gibt.

Auch die katholische Kirche wurde auf der Grundlage von Humanismus und Universalismus und gegen nationale Grenzen gegründet. Ein Humanist des späten Mittelalters, der große christliche Denker Nikolaus von Kues sagte, daß die *humanitas Christi* das sei, was die Welt zusammenhalte, der höchste Beweis ihrer inneren Einheit. Für seinen Humanismus war gerade das Menschsein Christi eine Garantie für das Einssein aller Menschen.

Die Idee des Humanismus hat ihre Wurzeln auch in der griechischen und römischen Tradition. In Sophokles' Drama *Antigone* kämpft Antigone gegen Kreon, den wir heute vielleicht als einen faschistischen Kaiser bezeichnen würden, weil sie darauf beharrt, daß das natürliche Gesetz, das heißt das Gesetz des Mitgefühls für den Menschen, Vorrang vor dem Gesetz des Staates hat. Sie ist gewillt zu sterben, um das Gesetz der Humanität zu erfüllen, sollte diesem Gesetz der Humanität durch die Gesetze des Staates widersprochen werden. Sie bestattet deshalb ihren Bruder, trotz der Tatsache, daß dieser die Gesetze des Staates verraten hat.

Der Humanismus kommt nicht nur in Sophokles' *Antigone* zum Ausdruck, sondern überhaupt in der griechischen und römischen Philosophie. Er zeigt sich insbesondere in der Vorstellung eines Naturrechts, also eines Gesetzes, das in der Natur des Menschen wurzelt. Dieses hat vor allen anderen Gesetzen, vor allem vor den Staatsgesetzen, Vorrang.

In der *Antigone* wird die Vorstellung des Naturrecht sehr schön ausgedrückt, wenn Antigone über die göttlichen Gebote sagt:

> „Denn heute nicht und gestern, nein, es leben die
> Ohn' Ende, niemand wüßte, wann sie kamen, auch."

Im Denken Ciceros findet sich vermutlich die eindrücklichste Formulierung der Naturrechtsidee. Sein Denken fand dann im Mittelalter Eingang in das christliche Denken und beeinflußte dessen Entwicklung nachhaltig. Nach Cicero muß man sich das ganze Universum als ein Weltreich vorstellen, zu dessen Bewohnern sowohl Götter als auch Menschen gehören. Bereits hier also findet sich die Vorstellung eines Weltreichs aller Menschen, nicht nur eines Völker- oder Staatenbundes, sondern eines Weltreichs von *Menschen*, in dem jeder Mensch gegenüber der Menschheit loyal ist und, wie Cicero sehr schön sagt, dessen Mitglieder sowohl Menschen als auch Götter sind.

Aus Zeitgründen kann ich hier nicht über die Entwicklung der humanistischen Idee bei Thomas von Aquin und im späten Mittelalter sprechen. Wenigstens erwähnen möchte ich, daß die Vorstellung von natürlichen Rechten, wie sie später im 18. Jahrhundert aufkam, und die besonders im amerikanischen Denken auf der Grundlage der amerikanischen Idee der Menschenrechte entwickelt wurde, in der Tradition des naturrechtlichen Denkens steht, das sowohl in der griechisch-römischen, als auch in der jüdisch-christlichen Tradition seinen Anfang nahm.

Das humanistische Denken der Renaissance entwickelte neben anderem den Begriff der „Humanität" (lateinisch *humanitas*), der dann für das gesamte moderne Denken seit der Renaissance charakteristisch wurde. Dieser zumeist nichttheologische Begriff der Humanität ist eine direkte Fortführung der griechisch-römischen und jüdisch-christlichen religiösen Tradition. Mit ihm faßt der Humanismus der Renaissance den Menschen in seinem natürlichen Sosein. Der Mensch ist so, wie er ist, und seine Aufgabe besteht darin, sich voll zu entfalten. Für die Renaissance ist das Ideal des Menschen der universale Mensch, der vielseitige, allseits bewanderte Mensch; und mehr noch, in jedem einzelnen Individuum realisiert sich die Humanität. Jeder Mensch ist der Träger der ganzen Humanität. Darum hat jeder Mensch die Aufgabe, die Humanität in sich selbst zu entfalten.

Auf das Denken der Renaissance folgt dann jenes Denken, das wohl den Höhepunkt des Humanismus in der westlichen Tradition darstellt: das Denken der Philosophen des 18. Jahrhunderts. (Vgl. hierzu vor allem E. Cassirer, 1932, und C. L. Becker, 1946, sowie zur Weiterentwicklung des Aufklärungshumanismus im sozialistischen Humanismus E. Fromm, 1961b.)

Das humanistische Denken des 18. Jahrhunderts hat einen allgemeinen Begriff vom Wesen des Menschen entwickelt. Mit „Wesen" wird in der philosophischen Tradition – kurz gesagt – das bezeichnet, was etwas zu dem macht, was es ist. Das „Wesen" des Menschen ist das, vermöge dessen der Mensch menschlich ist. Gibt es ein solches Wesen? Heute glauben viele, wenn nicht die meisten Sozialwissenschaftler, daß es zwar biologisch und anatomisch so etwas wie ein „Wesen" gibt (was kaum geleugnet werden kann), doch psychologisch soll es so etwas nicht geben. Für viele Sozialwissenschaftler wird der Mensch als ein unbeschriebenes Blatt Papier geboren, auf dem die Kultur oder die Gesellschaft ihren Text schreibt. Die Philosophen des 18. Jahrhunderts hingegen glaubten, daß es so etwas wie die menschliche Natur, eine menschliche Konstitution gibt, die mehr ist als das Anatomische und Physiologische. Die Philosophen des 18. Jahrhunderts machten eine Unterscheidung, die meines Erachtens heute noch ebenso gültig ist wie damals. Sie unterschieden zwischen dem Wesen des Menschen, zwischen der menschlichen Natur, wie wir sie im allgemeinen finden, und der spezifischen Form, in der die menschliche Natur in jeder Gesellschaft und jeder Kultur zum Ausdruck kommt. Die menschliche Natur als solche bekommen wir nie zu Gesicht, den Menschen im allgemeinen sehen wir nicht. Von den vielen Erscheinungen des Menschen in verschiedenen Kulturen und verschiedenen Personen läßt sich aber das, was allen Menschen gemeinsam ist und was den Menschen als Menschen auszeichnet, erschließen.

Auch Jean-Jacques Rousseau war dieser Überzeugung, doch er brachte einen sehr wichtigen Gesichtspunkt ein, der viele Jahre später dann von Freud wieder aufgenommen wurde. Er wies auf den Widerspruch hin, den es zwischen den natürlichen Neigungen des Menschen und den Forderungen der Gesellschaft gibt. Freud begriff diesen Widerspruch später als Konflikt zwischen dem sexuellen Verlangen und der Moral der Gesellschaft. Freud glaubte, daß die Neurose sich aus diesem Konflikt entwickele. Auch wenn Freud meines Erachtens mit der inhaltlichen Bestimmung des Konflikts nicht richtig lag, so hat seine Annahme doch eine viel allgemeinere Gültigkeit und Bedeutung, insofern er den von Rousseau erkannten Widerspruch aufgriff, den es zwischen den sozialen Forderungen und – sagen wir – den Forderungen der Humanität innerhalb des Menschen gibt. Auch John Locke's Theorie, derzufolge man sich bei der Natur des Menschen Rat holen solle, wenn man verstehen wolle, was Regierung sei, wirkte später stark in die amerikanische Tradition ein und übte einen Einfluß auf Jefferson und andere aus.

Einer der bedeutendsten Philosophen, der über die Idee des Humanismus schrieb, war der deutsche Philosoph Johann Gottfried von Herder. Für Herder kommt der Mensch schwach auf die Welt und kann – anders als das Tier – niemals das Ziel erreichen, das er seiner Organisation nach erreichen soll. Er muß sich zur Humanität erst bilden. „Denn der künstliche Instinkt, der ihm angebildet werden soll, ist Vernunft, Humanität, menschliche Lebensweise." (J. G. Herder, 1877, Band 13, S. 144.) Diesen hat und lernt kein Tier und stellt die höchsten Blüten der natürlichen Entwicklung dar. Auch Herder macht sich die Vorstellung zu eigen, daß der Mensch als animalisches Wesen das schwächste, hilfloseste und unvollständigste aller Tiere ist; doch der Mensch hat die Vernunft als etwas spezifisch Menschliches, mit deren Entwicklung er zum Höchsten wird, das die natürliche Entwicklung hervorbringt.

Auch Gotthold Ephraim Lessing war ein großer Humanist. Seine Ideen gingen in eine ähnliche Richtung. Für ihn besteht die Aufgabe des Menschen darin, das Wesen der menschlichen Spezies zu verwirklichen. Auch er vertritt die Auffassung, daß das spezifisch Menschliche, das Wesen des Menschen, das Wesen der Humanität verwirklicht und entwickelt werden müsse und daß dies die Aufgabe des Menschen sei. Es ist eine Ironie der Geschichte, daß Lessing etwas mehr als 100 Jahre vor Hitler vom „Dritten Reich" als dem Reich der vollendeten Humanität sprach, in dem alle menschlichen Gegensätze durch ein neues Einssein und eine neue Harmonie überwunden sein würden.

Der wichtigste aller humanistischen Denker des 18. und 19. Jahrhunderts war wohl Johann Wolfgang von Goethe. Wenigstens einige seiner Ideen sollen erwähnt werden. Ähnlich wie Nikolaus von Kues, Herder und Lessing findet sich auch bei ihm die Vorstellung, daß der Mensch nicht nur seine eigene Individualität, sondern die ganze Menschheit mit all ihren Möglichkeiten in sich trägt, obwohl er sie wegen der äußeren Grenzen seiner Individualität nur in ganz beschränktem Maße zu verwirklichen vermag. (Vgl. H. A. Korff, 1958, Band II, S. 123.) Nach Goethe besteht das Ziel des Lebens darin, sich durch Individualität zur Universalität zu entwickeln. Für das Denken des 18. Jahrhunderts bis hin zu Goethe und – wie noch zu zeigen sein wird – zu Marx galt, daß Universalität nicht durch Verzicht auf Individualität zu erreichen ist. Man glaubte nicht, Universalität dadurch zu erreichen, daß alle Menschen sich gleichen und sich deshalb zusammengehörig oder eins fühlen; vielmehr glaubte man, daß der Mensch nur durch eine vollständige Entwicklung seiner eigenen Individualität zur Erfahrung seiner eigenen Humanität – und das bedeutet zur Humanität aller – kommen könne. Für die Philosophen der Aufklärung fühlt der Mensch sich mit allen gerade deshalb eins, weil er ganz er selbst geworden ist. Wird der Mensch nicht ganz er selbst und bleibt er, psychisch gesehen, ein totgeborener Mensch, wird er nie er selber sein, noch wird er fähig sein, jene Humanität zu fühlen, die er in sich trägt.

Goethes Humanismus kommt wohl am deutlichsten in seinem Drama *Iphigenie auf Tauris* zum Ausdruck, das das griechische Drama *Iphigenie* von Euripides zur Vorlage hat. Der Inhalt ist kurz der folgende: Iphigenie, die Tochter des Agamemnon, sollte den Göttern geopfert werden, um günstige Winde für die griechischen Schiffe zu erhalten. Bevor sie getötet werden soll, trägt aber eine gnädige Göttin sie weg auf eine Insel der Barbaren, auf der König Thoas herrscht. Sie überzeugt Thoas davon, mit einem Brauch aufzuhören, der bis dahin geübt wurde, nämlich jeden Fremden zu töten, der auf die Insel geraten war. Uns klingt diese barbarische Sitte vielleicht fremd, doch in Wirklichkeit ist sie es nicht. Als Fremder wurde, wie ich bereits sagte, jeder Mensch außerhalb des Stammes empfunden. Er galt nicht in gleicher Weise als Mensch wie der Stammesgenosse. Iphigenie wird vom König schließlich zur Priesterin des Tempels der Artemis gemacht. Er ist freundlich zu ihr und vertraut ihr. Aber eines Tages kommt ihr Bruder Orest mit einem Freund. Sie schlagen vor, ohne Wissen des Königs zu fliehen, nach Griechenland zurückzukehren und das Götzenbild der Artemis zu stehlen. Im griechischen Drama gelingt ihnen dies auch nach einigen Schwierigkeiten.

Auch bei Goethe wird dieser Plan geschmiedet, und Iphigenie stimmt ihm zunächst auch zu. Dann aber ändert sie ihre Meinung, weil sie den König, der ihr vertraut hatte, nicht betrügen kann. Sie muß – wie wir heute sagen würden – zwischen zwei Übeln wählen, wobei das größere Übel vermutlich das ist, selbst getötet zu werden und ihren Bruder und seinen Freund dem Tod auszuliefern, während das kleinere Übel darin besteht, den König zu betrügen. Wenn wir heute zwischen zwei Übeln zu wählen haben, neigen wir gewöhnlich dazu, das kleinere Übel zu wählen und vergessen meistens, daß wir mit der Wahl des kleineren Übels nur die Zeit hinausschieben, bis das größere Übel schließlich mit um so größerer Sicherheit eintritt.

Iphigenie will nicht zwischen diesen zwei Übeln wählen. Sie versucht der Alternative zu entkommen, indem sie nach einer dritten Alternative sucht, nämlich nach der Möglichkeit, menschlich zu sein. Diese sieht sie darin, dem König die Wahrheit zu sagen und ganz und gar als ein menschliches Wesen zu handeln. Sie riskiert, von ihm vielleicht getötet zu werden, doch sie vermeidet die anderen beiden Übel, die von einem moralischen Standpunkt aus beide nicht akzeptabel sind. Sie sagt dem König die Wahrheit und der König antwortet:

> „Du glaubst, es höre
> Der rohe Skythe, der Barbar, die Stimme
> Der Wahrheit und der Menschlichkeit, die Artreus,
> Der Grieche, nicht vernahm?"

Und Iphigenie antwortet:

> „Es hört sie jeder,
> Geboren unter jedem Himmel, dem
> Des Lebens Quelle durch den Busen rein
> Und ungehindert fließt."

In Goethes Drama wird der König in der Tat von der Stimme der Wahrheit und Menschlichkeit berührt. Er schickt Iphigenie, ihren Bruder und seine Freunde in ihre Heimat zurück.

Das Drama von Goethe ist gerade deshalb bedeutsam, weil hier das Vertrauen auf die Stimme der Menschlichkeit die *eine* Lösung ist, die den Menschen retten kann, obwohl es den Anschein hat, daß es nur die Wahl zwischen folgenschweren Übeln gibt. Ich glaube, daß die Lösung, die Goethe hier vorstellt, für unsere Zeit bedeutungsvoll ist. Auch wir scheinen in den verschiedensten Alternativen gefangen zu sein. Sie haben bisweilen unterschiedliche Benennungen, doch sind sie alle destruktive Alternativen. Nehmen wir die humanistische Tradition unserer Kultur ernst, dann sollten wir ernsthaft danach suchen, ob es jenseits der üblichen Alternativen nicht noch andere Möglichkeiten gibt und ob nicht die wichtigste Möglichkeit die der Stimme der Humanität und der Wahrheit ist.

Goethe war auch – dies sollte hier unbedingt ebenfalls erwähnt werden – ein Humanist in dem Sinne, daß er sich gegen jeden Nationalismus wandte. Gegen Ende seines langen Lebens war nicht nur in Frankreich, sondern auch in Deutschland der Nationalismus erstarkt. Er grassierte in den kriegerischen Auseinandersetzungen zwischen Napoleon und den Deutschen – ein Krieg, den die Deutschen „den Befreiungskrieg" nannten. Sicherlich war Goethe einer der größten Deutschen, und doch galt für ihn 1814, als Napoleon von den siegreichen deutschen Befreiungsarmeen schon geschlagen worden war, daß das deutsche Volk nicht viel sei, dafür aber der einzelne Deutsche, auch wenn die Deutschen das Gegenteil für wahr hielten. Am besten sollten Deutsche wie Juden über die ganze Welt verstreut sein, um alles Gute, was in ihnen sei, zum Wohle der Menschheit voll entfalten zu können. In einem Brief [an Johann Jakob Hottinger] schrieb er am 15. März 1799: „In dem Augenblick, da man überall beschäftigt ist, neue Vaterlande zu erschaffen, ist für den unbefangen Denkenden, für den, der sich über seine Zeit erheben kann, das Vaterland nirgends und überall." [...]

Die Äußerungen zeigen, wie sehr sich Goethe gegen die aufkommende Welle von Nationalismus zur Wehr setzte. Dieser Nationalismus war gerade das Gegenteil von jenem Humanismus, der vom 13. bis ins 18. Jahrhundert in der westlichen Kultur sich entfaltet hatte und an dessen Endpunkt Goethe im 19. Jahrhundert stand. Es ist eine der Ironien der Geschichte, daß die Französische Revolution, die auf dieser im wesentlichen humanistischen Philosophie aufbaute und von ihr beeinflußt war, auch den neuen Nationalismus hervorbrachte. Mit der Französischen Revolution kam das neue Götzenbild, der Nationalstaat, auf. In ihm verband sich der Nationalismus mit der industriellen Revolution. Der Nationalstaat repräsentierte die mächtigen wirtschaftlichen Interessen und gebrauchte Macht und nationalistische Gefühle, um die ökonomischen Interessen innerhalb des Nationalstaates durchzusetzen.

Der Nationalismus nahm seinen Ausgang in der Französischen Revolution und in den deutsch-französischen Kriegen. Mit der Vereinigung Deutschlands nach 1871 fand er in Deutschland immer stärkere Verbreitung, bis er später dann hier wie auch im stalinistischen Rußland und im heutigen Rußland, der Sowjetunion, überhand nahm. Er fand seinen schrecklichen Ausdruck in zwei Weltkriegen und drückt sich in der Möglichkeit eines dritten und diesmal atomaren Krieges aus.

Einer, der in seinem persönlichen Leben diesen Wandel vom Humanismus zum Nationalismus darstellte und in einer sehr einfühlenden Art und Weise ausdrückte, ist der belgische Dichter Emile Verhaeren. Er war vor 1914 ein Pazifist, Humanist und Sozialist, der sich unter dem Druck des

Krieges veränderte und wie viele andere Menschen 1914 vom Humanismus zum Nationalismus umschwenkte. In einem Buch, das er sich selber widmete, schrieb er: „Er, der dieses Buch schreibt, in welchem der Haß nicht verborgen ist, war früher ein Pazifist. Für ihn war keine Desillusionierung jemals größer oder plötzlicher. Es schlug ihn mit solcher Gewalt, daß er sich nicht länger für den gleichen Menschen hielt, und dennoch scheint es ihm, daß in diesem Zustand des Hasses sein Bewußtsein verkleinert wurde; er widmet diese Seiten, mit Bewegung, dem Menschen, der er früher war." So sehr die Worte Verhaerens ein sehr erhellender Ausdruck eines Wandels in einem Menschen sind, in Wirklichkeit zeigen sie den Wandel des kulturellen und gesellschaftlichen Klimas zwischen dem Humanismus des 18. Jahrhunderts und dem Nationalismus des 19. und 20. Jahrhunderts.

Im 19. Jahrhundert fand der Humanismus des 18. Jahrhunderts seinen wichtigsten Ausdruck in den verschiedenen sozialistischen Ideen, am klarsten wohl im Denken von Karl Marx. Dies mag für viele überraschend klingen, denn von Marx wird gesagt, sein Denken sei materialistisch, was fälschlicherweise so verstanden wird, als ob der wichtigste Beweggrund im Menschen seine materialistische Motivation sei. Marx geht es wie der Bibel: Er wird viel zitiert und kaum verstanden. Unglücklicherweise war die wohl wichtigste Schrift von Marx, [die *Ökonomisch-philosophischen Manuskripte von 1844*], ein für sein Menschenbild sehr zentraler philosophischer Text, bis vor einem Jahr noch nicht einmal ins Englische übersetzt. Aber nicht erst diese Schrift zeigt, daß die Philosophie von Marx eine direkte Fortführung von Spinoza, Hegel und Goethe war, während jener sogenannte Marxismus, den die Sowjetunion vertritt, mit Marx so viel oder so wenig zu tun hat, wie etwa die Päpste der Renaissance mit den Lehren Christi.

Damit das, was ich sage, weniger absurd klingt, möchte ich

mit einigen Zitaten Marx selbst zu Wort kommen lassen. Wie bei Spinoza und bei Goethe, so hat auch Marx den unabhängigen und freien Menschen als Ziel vor Augen: „Ein Wesen gilt sich erst als selbständiges, sobald es auf eignen Füßen steht, und es steht erst auf eignen Füßen, sobald es sein *Dasein* sich selbst verdankt. Ein Mensch, der von der Gnade eines andern lebt, betrachtet sich als ein abhängiges Wesen." (MEGA I, 3, S. 124 = MEW Erg. I., S. 544f.) „Der Mensch eignet sich sein allseitiges Wesen auf eine allseitige Art an, also als ein totaler Mensch." (MEGA I, 3, S. 118 = MEW Erg. I, S. 539.) Die Vorstellung vom „totalen Menschen" reicht von der Renaissance über Spinoza, Leibniz, Goethe bis zu Marx. „Jedes seiner *menschlichen* Verhältnisse zur Welt, Sehn, Hören, Riechen, Schmecken, Fühlen, Denken, Anschauen, empfinden, wollen, tätig sein, lieben, kurz alle Organe seiner Individualität ... sind die Aneignung der *menschlichen* Wirklichkeit... Das Privateigentum hat uns so dumm und einseitig gemacht, daß ein Gegenstand erst der *unsrige* ist, wenn wir ihn haben, (er) also als Kapital für uns existiert, oder von uns unmittelbar besessen, gegessen, getrunken, an unsrem Leib getragen, von uns bewohnt etc., kurz *gebraucht* wird... An die Stelle *aller* physischen und geistigen Sinne ist daher die einfache Entfremdung *aller* dieser Sinne, der Sinn des *Habens* getreten. Auf diese absolute Armut mußte das menschliche Wesen reduziert werden, damit es seinen innern Reichtum aus sich herausgebäre." (A. a. O.)

Eine weitere Äußerung, die für jedes humanistische Denken charakteristisch ist, handelt von Aktivität und Passivität des Menschen. Es nimmt im besonderen Bezug auf die Frage der Liebe. Zwar ist für die meisten von uns die entscheidende Frage: „Wer liebt mich?", also der Wunsch, geliebt zu werden, für Marx jedoch – wie schon für Spinoza – geht es vielmehr um die Frage unserer Fähigkeit zu lieben, also um die Liebe als ein aktives Vermögen. In den *Ökonomisch-philosophischen Manuskripten (1844)* sagt Marx (MEGA

I, 3, S. 149 = MEW, Erg. I, S. 567.): „Wenn du liebst, ohne Gegenliebe hervorzurufen, das heißt, wenn dein Lieben als Lieben nicht die Gegenliebe produziert, wenn du durch eine *Lebensäußerung* als liebender Mensch dich nicht zum *geliebten* Menschen machst, so ist deine Liebe ohnmächtig, ein Unglück."

b) Die Bedeutung des Humanismus für die Gegenwart

Nach diesem kurzen und unvollständigen Abriß der Geschichte der humanistischen Idee in der westlichen Tradition bis zum 19. Jahrhundert möchte ich nun zwei Aspekte des Humanismus erörtern, die für uns heute von Bedeutung sind.

Der erste Aspekt ist ein wissenschaftlicher und behandelt die Frage, ob es so etwas wie ein „Wesen des Menschen" gibt. Im 18. Jahrhundert war man diesbezüglich optimistisch: Die allgemeine Vorstellung war, daß der Mensch vernünftig, gut und leicht auf das Gute hin lenkbar und beeinflußbar sei. Heute wird uns von Menschen wie Reinhold Niebuhr und anderen gesagt, es sei beinahe eine Sünde, solch einen naiven Glauben an das Gute des Menschen zu haben. Meines Erachtens bedürfen wir heute keiner solcher Ermahnungen, weil die Epoche, in der wir gelebt haben und noch immer leben, uns genügend Beweise für die Irrationalität, ja den Wahnsinn des Menschen liefert. Deshalb muß uns wirklich nicht jeden Tag versichert werden, wie schlecht der Mensch ist. Die für die Wissenschaft vom Menschen wirklich entscheidenden Fragen lauten: Was ist das Wesen des Menschen? Was ist das, was objektiv als menschlich beschrieben werden kann?

In meinem Buch *Wege aus einer kranken Gesellschaft* (E. Fromm, 1955a) bin ich auf diese Fragen ausführlich zu sprechen gekommen. Hier möchte ich nur betonen, daß das Wesen des Menschen keine Substanz ist und daß der

Mensch auch nicht entweder gut oder böse ist. Es gibt aber etwas, das sich in der Geschichte gleichbleibend durchhält. Das Wesen des Menschen ist deshalb eine Situiertheit oder – um mit Heidegger zu sprechen – eine Grundbefindlichkeit. Diese Grundbefindlichkeit ist meines Erachtens genauerhin eine existentielle Dichotomie. In einer weniger technischen Sprache könnte man sagen, das Wesen des Menschen ist der Widerspruch zwischen dem Menschen als einem Tier, das in der Natur lebt, und dem Menschen als dem einzigen Lebewesen in der Natur, das sich seiner selbst bewußt ist. Der Mensch kann sich deshalb seines Getrenntseins, seines Verlorenseins und seiner Schwachheit bewußt sein und muß neue Wege der Einheit mit der Natur und mit seinem Mitmenschen finden. Wenn der Mensch als Mensch bzw. als einzelner geboren wird, wird er sich seines Getrenntseins von der Welt bewußt und würde verrückt werden, fände er nicht eine Möglichkeit, dieses Getrenntsein zu überwinden und zu einem neuem Einssein zu kommen.

Meiner Meinung nach zeigt die Geschichte der Religion und die Geschichte des Menschen als Menschen wie die Geschichte jedes einzelnen, daß es zwei Wege gibt, das Getrenntsein zu überwinden und Einssein zu erlangen. Den einen Weg kann man in allen primitiven Religionen finden. Diese verfolgen das Ziel, daß der Mensch wieder zur Natur zurückkehrt, daß er wieder zu einem vor-menschlichen Tier wird und daß er das in sich auslöscht, was spezifisch menschlich ist: seine Vernunft und das Bewußtsein seiner selbst. Die Mittel und Wege solchen Auslöschens sind vielfältig: durch Drogen, durch Orgien oder einfach durch die Identifikation mit Tieren, indem man sich selbst in den Zustand eines Tieres – besonders von Bären, Löwen, Wölfen – versetzt. Hier wird also der Versuch gemacht, das Gefühl des Getrenntseins dadurch zu überwinden, daß man aufhört, menschlich zu sein und auf den natürlichen Zustand regrediert, in dem der Mensch noch ein Teil der Natur ist und zu einem Tier werden kann. Doch der Mensch kann nicht mehr zurückkehren. Die Bibel drückt es symbolisch aus: Haben Adam und Eva einmal das Paradies – das heißt den Zustand des Einseins, in dem der Mensch noch nicht als Mensch geboren ist – verlassen, dann bewachen zwei Engel mit Feuerschwertern den Eingang.

Es gibt aber noch eine andere Möglichkeit, Einssein zu finden. Diese Lösung scheint die menschliche Rasse in der Zeit zwischen 1500 und 500 vor Christus in China, in Indien, in Ägypten, in Palästina und in Griechenland gefunden zu haben: Der Mensch kann statt durch Regression das Einssein dadurch finden, daß er seine spezifisch menschlichen Kräfte der Vernunft und der Liebe in solch einem Maße entwickelt, daß die Welt sein Zuhause wird. Dann wird er völlig menschlich, lebt in einer neuen Harmonie mit sich selbst, seinen Mitmenschen und sogar mit der Natur. Dies war die Idee des prophetischen Messianismus. Dies war die Idee des religiösen Denkens im späten Mittelalter. Und dies war die Idee des Humanismus im 18. Jahrhundert. Tatsächlich ist dies der Kern des religiösen und spirituellen Denkens der westlichen Tradition: Der Mensch hat die Aufgabe, seine Humanität zu entwickeln, und findet im Entwickeln dieser Humanität eine neue Harmonie. Dies ist denn auch der einzige Weg, wie er sein Problem lösen kann: ganz zur Geburt zu kommen.

Sobald wir also geboren sind, wird uns das Leben zu einer Frage und müssen wir eine Antwort geben, die wir nicht mit unserem Verstand und unserem Gehirn, sondern in jedem Augenblick mit unserem ganzen Menschsein geben müssen. Dabei gibt es letztlich nur zwei Antworten: Wir können regredieren oder unsere Humanität entwickeln. Viele, wenn nicht gar heute die meisten Menschen versuchen, Antworten zu vermeiden und sich die Zeit mit all dem zu füllen, was wir Unterhaltung, Zerstreuung, Freizeit usw. nennen. Meiner Überzeugung nach ist diese Lösung in Wirklichkeit keine Lösung, denn die Menschen sind gelangweilt und depressiv, auch wenn sie sich dessen nicht bewußt sind.

Die knappen Andeutungen über meine eigene Vorstellung, daß man die grundlegende Konstitution des Menschen statt mit Substanz-Begriffen besser als Situiertheit zu fassen versucht, müssen in diesem Zusammenhang genügen. [Vgl. die Ausführungen in E. Fromm, 1947a, GA II, S. 29–36; E. Fromm, 1955a, GA IV, S. 20–50; sowie insbesonders E. Fromm, 1968g, GA IX, S. 375–391.] Ich möchte an dieser Stelle jedoch eigens darauf hinweisen, daß die theoretische Bemühung, eine Vorstellung und eine Kenntnis über das Wesen des Menschen zu entwickeln, nur dann als wichtig und aktuell angesehen wird, wenn das Einssein der Menschen wieder lebendig erfahren wird. Dies aber ist heute nicht der Fall.

Worin besteht diese Erfahrung des Humanismus? Der Überblick über die Geschichte der humanistischen Idee hat bereits deutlich gemacht: Die Erfahrung des Humanismus läßt sich mit Terenz umschreiben, daß „nichts Menschliches mir fremd ist" und daß ich das ganze Spektrum des Menschseins in mir trage. Trotz der Tatsache, daß jeder Mensch anders ist als der andere, gibt es dennoch das Paradoxon, daß wir gleichzeitig alle die gleiche Substanz, die gleichen grundlegenden Eigenschaften teilen. Es gibt nichts, das es nur in diesem einen Menschen gäbe. Alles gibt es auch in mir selbst: Ich bin der Kriminelle und ich bin der Heilige. Ich bin das Kind und ich bin der Erwachsene. Ich bin der Mensch, der vor hunderttausend Jahren schon gelebt hat, und ich bin der Mensch, der noch in hunderttausend Jahren leben wird, vorausgesetzt, wir zerstören die menschliche Rasse nicht.

Die Erfahrung des Humanismus hat einen äußerst bedeutsamen Bezug zu einem Phänomen, mit dem man sie gewöhnlich nicht in Verbindung bringt: zum Phänomen des

Unbewußten. Freud war zwar nicht der erste, der das Unbewußte entdeckte, aber er war sicherlich der erste, der es umfassend und systematisch erforschte. Freuds Vorstellung vom Unbewußten war freilich auch sehr eingeschränkt. Er stellte sich [zunächst] vor, daß bestimmte triebhafte Wünsche wie Inzestwünsche oder Mordwünsche verdrängt würden. So sehr dies stimmt, das Problem des Unbewußten ist umfassender.

Was ist eigentlich unser Bewußtsein? Unser Bewußtsein umfaßt all jene menschlichen Wahrnehmungen, deren Bewußtsein uns unsere eigene Gesellschaft erlaubt. Abgesehen von sehr geringen individuellen Unterschieden, sind wir uns gewöhnlich nur dessen bewußt, was unsere Sprache, unsere Logik und die Tabus unserer Gesellschaft zu Bewußtsein kommen läßt. Es gibt so etwas wie einen „gesellschaftlichen Filter". Nur jene Wahrnehmungen, die diesen gesellschaftlichen Filter passieren dürfen, sind uns bewußt und bilden unser Bewußtsein.

Unser Unbewußtes hingegen ist das Menschsein (*humanity*), der universale Mensch. Unbewußt ist alles, was menschlich ist, das Gute und das Schlechte, alles, was in jedem anderen existiert außer jenem schmalen Sektor, der bewußt ist, der die Erfahrung, das Denken und das Fühlen jener Kultur repräsentiert, in die wir ziemlich zufällig geworfen wurden. Unser Unbewußtes ist der ganze Mensch. Mit unserem Unbewußten in Kontakt zu sein, ist nicht deshalb so wichtig, weil wir unsere inzesthaften oder anderen Wünsche entdecken können (was manchmal nicht unwichtig ist); die große Bedeutung der Freudschen Entdeckung der Zugänge zum Unbewußten ergibt sich vielmehr genau aus der Tatsache, daß wir mit der Menschheit in Kontakt sind, wenn wir mit unserem Unbewußten Kontakt haben. Haben wir aber mit dem ganzen Menschen in uns Kontakt, dann gibt es nichts Fremdes mehr. Es gibt kein Verurteilen anderer mehr aus einem Gefühl der eigenen Überlegenheit.

Stehen wir mit unserem Unbewußten in Verbindung, dann erfahren wir uns selbst tatsächlich so, wie wir jeden anderen erfahren.

Die Vorstellung, daß wir in uns selbst die ganze Menschheit tragen, wird verwirklicht, wird manifest, wird sozusagen Fleisch und Blut in der Tatsache, daß wir diese Trennung in uns selbst überwinden, indem wir uns bewußt werden, was nur in unserem eigenen Stamm oder in unserer Kultur an Menschsein zum Ausdruck kommt, und wir mit dem in Kontakt kommen, was wir mit der ganzen Menschheit teilen.

Das genaue Gegenteil von Humanismus sind Nationalismus und Stammesdenken, denn bei diesen sind wir nicht in Verbindung mit der ganzen Menschheit, sondern nur mit einem Ausschnitt von ihr. Bei Nationalismus und Stammesdenken kommt es zu einer sehr einfache Operation: Wir projizieren all das Schlechte in uns auf den Fremden mit dem Ergebnis, daß der Fremde der Teufel ist und wir die Engel sind. So geschieht es in allen Kriegen, bei allen Streitigkeiten zwischen Menschen im persönlichen Leben und auch auf beiden Seiten im Kalten Krieg. Es ist meine Überzeugung, daß der Mensch heute tatsächlich nur die Wahl hat, den Humanismus zu erneuern und die spirituelle Grundlage unserer westlichen Kultur wirklich ernst zu nehmen – oder er hat überhaupt keine Zukunft.

Es war Goethe, der [im West-östlichen Divan (1952, S. 123f.)] sagte: „Das eigentliche, einzige und tiefste Thema der Welt- und Menschengeschichte, dem alle übrigen untergeordnet sind, bleibt der Conflikt des Unglaubens und des Glaubens. Alle Epochen, in welchen der Glaube herrscht, unter welcher Gestalt er auch wolle, sind glänzend, herzerhebend und fruchtbar für die Mitwelt und Nachwelt. Alle Epochen dagegen, in welchen der Unglaube, in welcher Form es sey, einen kümmerlichen Sieg behauptet, und wenn sie auch einen Augenblick mit einem Scheinglauben prahlen sollten, verschwinden vor der Nachwelt, weil sich niemand gern mit Erkenntniß der Unfruchtbarkeit abquälen mag." Das 13. wie das 18. Jahrhundert waren zweifellos Zeiten des Glaubens. Die westliche Welt heute, fürchte ich, zeichnet sich durch einen großen Mangel an Glauben aus. In Wirklichkeit ist der Haß, der in der westlichen Welt und in den Vereinigten Staaten so sehr überhandnimmt, nur ein Ausdruck dafür, daß die Menschen nicht lieben können und nicht wissen, wofür sie leben. Der Haß weist auf eine moralischen Verzweiflung und auf einen tiefen Defätismus. Wer seine Kultur durch Kriege zu retten versucht, wird in der gegenwärtigen Situation weder seine Werte, ja nicht einmal sein Leben damit retten.

Ich bin davon überzeugt, daß wir noch immer die Wahl haben, die Wurzeln unserer Tradition – eben den aus der griechisch-römischen und der jüdisch-christlichen Tradition kommenden Humanismus – zu erneuern. Sind wir fähig, die Werte, von denen wir die ganze Zeit sprechen, ernst zu nehmen, dann kommt es vielleicht wirklich zu einer neuen Lebenskraft in unserer Gesellschaft und haben wir vielleicht tatsächlich eine Zukunft. Sind wir nicht dazu fähig, dann wird der Westen nicht überleben, was immer wir auch beteuern und mit welchen Waffen wir uns auch hochrüsten. Wir stehen meiner Meinung nach vor einer grundsätzlichen Entscheidung, einer Entscheidung, die im Alten Testament mit eindrucksvollen Worten formuliert wird: „Leben und Tod lege ich dir vor, Segen und Fluch. Wähle das Leben!" [Dtn 30,19] Der Mensch steht heute vor der Wahl: Entweder wählt er das Leben und ist zur neuen Erfahrung von Humanismus fähig, oder die neue „eine Welt" wird nicht gelingen.

II. Humanistische Initiativen und Bekenntnisse

1. Die Idee einer Weltkonferenz (1966)

Die „Bemerkungen zum Vorschlag einer päpstliche Konferenz zur Lösung der gegenwärtigen Gefahren für das Überleben der Menschheit" (so der Betreff in der nachfolgenden, als Brief gefaßten Initiative Fromms) fanden sich im Nachlaß und geben ein beredtes Zeugnis von Fromms Betroffenheit, Engagement und Ideenreichtum, Antworten auf die Krisensituation der Menschheit mitten im Kalten Krieg zu finden. In einem der Begleitbriefe schreibt Fromm dazu, daß ihm „plötzlich der Gedanke kam und es auf einen Versuch ankomme". Daß der scharfe Kritiker jeder Religionsinstitution gerade den Papst der katholischen Kirche für eine Weltfriedenskonferenz engagieren will, hat zum einen mit dem bleibenden Eindruck, den die humanistische Grundhaltung von Papst Johannes XXIII (1958–1963) auf Fromm gemacht hat, zu tun, andererseits mit dem gewachsenen Prestige der katholischen Kirche in der Weltöffentlichkeit nach dem Reformkonzil des Zweiten Vatikanums (1962–1965) mit seiner Öffnung für die Weltaufgaben der Kirche. Aus den Unterlagen des Nachlasses geht nicht hervor, welche Auswirkungen Fromms Brief im einzelnen hatte. Aus der Korrespondenz wird immerhin ersichtlich, daß seine Initiative ein positives Echo gefunden hat, so unter anderem bei Senator Fulbright, Harvey Cox, James Luther Adams, George Williams, Louis Sohn, Lewis Mumford, Marcus Raskin, Stewart Meacham, Norman Cousins (von „Saturday Review", der die Idee dem Papst bekanntgemacht hat), Gilbert White, Alfred Hassler, Father Thomas Merton, Gunnar Jahn, Erzbischof Angelo Dell'Acqua, Mihailo Markovic, Adam Schaff und anderen. Um so enttäuschender muß für Fromm gewesen sein, daß der Papst und die katholische Kirche zu nichts zu bewegen waren. Bereits drei Monate später schreibt Fromm in einem Brief an Clara Urquhart: „Wir werden die Tatsache akzeptieren müssen, daß der Papst nichts tun wird." – Die vorliegende Übersetzung des Herausgebers basiert auf einer Vorlage von Emmanuel Picard.

Eine Analyse der gegenwärtigen Situation hat besonders nachdenkliche und gut informierte Menschen zu der Überzeugung gebracht, daß die Eskalation des Krieges in Vietnam einen weltweiten Atomkrieg immer wahrscheinlicher macht. Dies hätte zur Folge, daß der größere Teil der Menschheit zugrunde ginge und daß die spirituellen Werte, die einige tausend Jahre lang zwar nicht geherrscht, aber doch die Menschheit geführt haben, zerstört würden.

Ernsthafte Versuche werden von vielen Seiten unternommen – von religiöser, pazifistischer, humanistischer, rein politischer Seite aus –, um diese Strömung aufzuhalten. Die Aktivität von *ad hoc* gebildeten Organisationen, die Veröffentlichung von Büchern, Artikeln und Aufrufen verstärkt sich ständig. Vielleicht haben nie zuvor in der Geschichte so viele einzelne Menschen und Gruppen die Verantwortung wahrgenommen, auf eine Gefahr für alle zu reagieren, und doch sind sie sich oft eines Gefühls der Vergeblichkeit bewußt, wenn sie sehen, daß ihre Anstrengungen keinerlei Veränderung bewirken. Ihre Funktion scheint der des griechischen Chores ähnlich zu sein, der die Tragödie voraussieht und doch nicht die Macht hat, sie zu verhindern.

Aber die Gefahr eines Atomkrieges ist nicht die einzige Bedrohung für die Menschheit heute. Wegen der neuen Technologien verändern sich auch alle früheren Produktionsmethoden und die Weisen des Konsumverhaltens. Der unabhängige Mensch, der seine eigenen Entscheidungen trifft und nur seinem eigenen Gewissen gegenüber verantwortlich ist, wird durch den Organisationsmenschen ersetzt, der Anordnungen ausführt und trifft. Die Armen dieser Erde verlangen ihren Anteil an den Gütern, die durch menschliche Erfindungsgabe geschaffen wurden, und werden nicht mehr länger warten. Unterdessen werden trotz vieler Bemühungen die reichen Völker immer reicher und die armen immer ärmer.

Alle überbrachten Handlungsweisen und Denkgewohnheiten scheinen fragwürdig zu werden, doch kann sich noch niemand vorstellen, wie die neue Welt aussehen wird. Die Veränderungen und Ungewißheiten scheinen sogar noch größer zu sein als die, welche dem Zusammenbruch der mittelalterlichen Welt folgten. Heute wie damals fürchten sich die Menschen und können der Tatsache nicht ins Auge sehen, daß eine alte Welt gerade verschwindet und eine neue im Kommen begriffen ist. Sie werden äußerst ängstlich, und in ihrer Panik halten sie sich alle um so fester an altmodische politische Vorstellungen und Methoden und scheinen es vorzuziehen, lieber unterzugehen, als der Ungewißheit einfallsreich und mutig entgegenzutreten. Sie versuchen verzweifelt, den *Status quo* aufrechtzuerhalten, um ein wenig das Gefühl der Stabilität zu bewahren; und in der Zwischenzeit beschwichtigen sie ihre Angst durch immer größeren materiellen Konsum.

Angesichts dieser Tatsachen fragen sich viele Menschen mit einem Gefühl der Verantwortung, ob es noch irgend etwas gibt, das eine Wirkung haben könnte und das noch nicht getan oder versucht wurde. Um eine Antwort zu finden, muß man die Gründe für das bisherige Mißlingen analysieren. Sie scheinen vor allem darin zu liegen:

(1) Die Stellungnahmen richteten sich auf verschiedene Aspekte der gegenwärtigen Krise, doch waren sie nicht global und umfassend genug.

(2) Die Stellungnahmen waren gewöhnlich eher kritisch und anklagend, als daß sie sich einfach auf die Kraft der Vernunft stützten und das menschliche Herz ansprachen.

(3) Die Stellungnahmen waren besonders im Hinblick auf konkrete Vorschläge und Vorgehensweisen nicht detailliert genug, so daß sie entmutigend wirkten.

(4) Diejenigen, die sie unterschrieben, hatten nicht die nötige Autorität, um von denen, die an der Macht waren, gehört und beantwortet zu werden.

Mit diesen Bemerkungen wird vorgeschlagen, die Unzulänglichkeiten der vorhergehenden Versuche zu vermeiden. Deshalb soll Papst Paul VI eine Weltkonferenz in Rom einberufen, die sich mit den gegenwärtigen Krisen der Menschheit und ihren Lösungsmöglichkeiten befaßt. Im einzelnen soll der Papst führende Persönlichkeiten aus allen Religionen und auch solche, die außerhalb jeder Religion stehen, sowie aus allen Nationen und politischen Lagern einladen, denen auf Grund dessen, was sie schon erreicht haben und auf Grund ihrer persönlichen Integrität die Achtung der ganzen Welt entgegengebracht wird. Die Konferenz sollte mindestens vier Wochen, möglicherweise noch länger dauern. Zweck dieser Konferenz soll es sein, die gegenwärtige kritische Situation, ihre Gründe und möglichen Lösungswege zu erörtern. Sie sollte ganz konkrete Vorschläge für Handlungs- und Vorgehensweisen zur Lösung des Konflikts in Vietnam machen, aber auch, soweit es ihr möglich ist, Vorschläge für die Lösung anderer dringlicher Probleme machen. Diese Vorschläge sollten mit Hilfe der guten Beziehungen des Papstes allen Regierungen vorgelegt und den Menschen in allen Ländern zur Information publik gemacht werden.

Mit Recht kann gehofft werden, daß ein solcher Kongreß vor allem auf Grund der Tatsache, daß er vom Papst einberufen wird, und wegen der Qualifikation und Vielzahl seiner Teilnehmer auf ein äußerst großes Interesse in der ganzen Welt stoßen wird und daß seine Überlegungen und Vorschläge ein so großes intellektuelles und moralisches Gewicht haben werden, wie es keine andere Erklärung bis jetzt gehabt hat. Es gilt zu sehen, daß es heute auf der ganzen Welt keine andere Persönlichkeit gibt jenseits parteilicher Interessen, deren Autorität und Prestige sich mit der des Papstes messen kann.

Wir anerkennen, daß Papst Johannes XXIII und Papst Paul VI unmißverständlich über das Bedürfnis nach Frieden gesprochen haben und daß sie sich in einem Geist, der über jeden Parteigeist erhaben war, an alle Völker wandten. Obwohl diese Verlautbarungen großen Eindruck auf die Welt machten, hatten sie doch nur, gerade weil sie zu allgemein gehalten waren, eine begrenzte Wirkung und konfrontierten die verschiedenen Staatsmänner nicht mit spezifizierten und konkreten Lösungsvorschlägen.

Mir ist klar, daß mit dem hier geäußerten Vorschlag ein Weg beschritten werden soll, der bisher noch nicht in der Kirche gegangen wurde und von dem man sagen könnte, daß ein Mißerfolg das Risiko einer diplomatischen Niederlage für den Papst mit sich bringen könnte. Gegen solche Bedenken muß freilich daran erinnert werden, daß die Menschheit noch nie zuvor in ihrer Geschichte derart von ihrer Auslöschung bedroht war und daß die römisch-katholische Kirche als eine weltweite, Länder- und Rassen übergreifende Organisation das Recht und vielleicht die Pflicht hat, einen mutigen Schritt zu wagen, solange es noch möglich ist.

Eine solche Konferenz müßte natürlich in bezug auf die einzuladenden Persönlichkeiten, die vorgeschlagene Tagesordnung usw. sorgfältig vorbereitet werden. Angesichts der ständig wachsenden Gefahr sollten diese Vorbereitungen mit der größtmöglichen Intensität in möglichst kurzer Zeit gemacht werden. Man könnte damit beginnen, daß der Papst ein kleines Komitee zur Planung der Konferenz einlädt. Dieses Vorbereitungskomitee sollte, wie die einzuladenden Konferenzteilnehmer, ohne Rücksicht auf Nationalität und politische oder religiöse Zugehörigkeit ausgewählt werden.

Um zu resümieren: Folgende neue Aspekte sprechen für diesen Vorschlag:

- die Konferenz würde durch die Autorität und das spirituelle Prestige des Papstes gefördert, ohne eine „religiöse" Konferenz zu sein;
- auf Grund dieses Umstandes wäre es möglich, die Mitarbeit eines sehr breiten Spektrums führender Persönlichkeiten der Welt zu bekommen;
- die Konferenz würde über allgemeine Äußerungen hinausgehen; sie würde in geschäftsmäßiger Art arbeiten und konkrete und spezifizierte Vorschläge machen, die durch die guten Beziehungen des Papstes den verschiedenen Regierungen überbracht und dann allen Menschen auf der ganzen Erde mitgeteilt würden.

Zum Schluß gebe ich zu bedenken, daß es hilfreich sein könnte, wenn sich einige führende katholische und nichtkatholische Persönlichkeiten an den Papst wenden würden, um ihn zu bitten, die Leitung dieses Kreuzzuges für den Frieden zu übernehmen.

Sie werden gebeten, sich an Erich Fromm (Patricio Sanz 748–5, México 12, D. F., Mexiko) zu wenden, um Ihren generellen Eindruck zu diesem Plan mitzuteilen, um Vorschläge für den Text an Papst Paul VI zu machen und um zu signalisieren, ob Sie bereit wären, ein solches Schreiben an den Papst zu unterzeichnen, und andere zu nennen, die angeschrieben werden sollten.

2. Wahlkampfrede für Eugene McCarthy beim „Versöhnungsbund" (1968)

Wie der Beitrag „Auf der Suche nach der humanistischen Alternative" im 1. Kapitel dieses Bandes ist auch die nachfolgende Wahlkampfrede ein sogenanntes „Memo" Erich Fromms, eine Vortragsskizze, die Erich Fromm für Eugene McCarthy geschrieben hat und die dieser – mit einigen Veränderungen versehen – am 13. Juni 1968 beim „Versöhnungsbund" der Vereinigten Staaten in New York hielt. Die 1914 in England gegründete „Fellowship of Reconciliation" setzt sich der Satzung entsprechend „aus Frauen und Männern zusammen, die die wesentliche Einheit der Menschheit anerkennen, und die sich zusammengeschlossen haben, um die Kraft der Liebe und der Wahrheit für die Lösung menschlicher Konflikte zu erforschen". – Der nachfolgende Text ist ein Beispiel für Fromms Funktion als „Ghostwriter" für McCarthy und gibt den Frommschen Entwurf wieder. Die Änderungen, die McCarthy an dem von Fromm vorformulierten Text getroffen hat, können im Erich-Fromm-Archiv eingesehen werden, da auch die von Eugene McCarthy modifizierte Version erhalten ist.

Der „Versöhnungsbund" ist ein geeigneter Ort, meine politische Kampagne wieder aufzunehmen, nachdem Senator Robert Kennedy – Symbol des Friedens und der Versöhnung für Millionen Amerikaner – wie schon sein ermordeter Bruder und Dr. Martin Luther King auf so tragische Weise zu Tode kam. Wir brauchen Versöhnung in vielerlei Hinsicht.

Zuerst und vor allem brauchen wir in unserem Land die Versöhnung all derer – und zwar unabhängig von den jeweiligen politischen Vorstellungen –, die noch nicht an der Krankheit des Hasses und der Verzweiflung leiden.

Wir brauchen Versöhnung zwischen den Schwarzen und den Weißen, die nicht auf vagen Versprechungen, sondern auf echten und einschneidenden Veränderungen im Bereich des Wohnens, des Schulbesuchs und der Berufschancen basieren.

Wir brauchen Versöhnung zwischen der jungen und der älteren Generation. Die Kluft zwischen den Generationen ist inzwischen so groß geworden, daß oft kein gegenseitiges Verstehen mehr möglich ist. Meine Kampagne, die Männer und Frauen allen Alters anspricht, hat gezeigt, daß diese Versöhnung möglich ist.

Wir brauchen Versöhnung zwischen unserem Volk und der übrigen Welt: mit den Völkern, die gleichstark sind wie wir, aber auch mit Nationen, die uns zwar zahlenmäßig und technologisch, nicht aber bezüglich ihrer menschlichen Werte und kulturellen Errungenschaften unterlegen sind. So wie diese manches von uns lernen können, können wir auch vieles von ihnen lernen.

Wir brauchen Versöhnung mit uns selbst: eine Versöhnung zwischen den Werten, zu denen wir uns bekennen und jenen, die uns im alltäglichen Leben bestimmen. Wir bekennen uns zu den Werten und Normen der jüdisch-christlichen Religion: zur Achtung vor dem physischen und geistigen Leben, zu Liebe und Mitgefühl auch für den Fremden und den Feind, zu Vernunft und Objektivität, zu einem Gefühl der Brüderlichkeit mit allen menschlichen Wesen und zu dem Glauben, daß der Mensch ein offenes System ist, das fähig ist, noch unbekannte Höhen zu erreichen. Die Motive, die viele von uns aber im alltäglichen Leben bewegen, sind: Gier, Selbstsucht, Hunger nach Materiellem und eine Gleichgültigkeit gegenüber dem Leben, die es uns erlaubt, einen Krieg gegen ein kleines Volk zu führen, Tag für Tag Menschen zu töten und zu verkrüppeln, nur weil es ein Teil unseres politischen Credos ist, wir müßten die Freiheit dieser Menschen [in Vietnam] retten, selbst wenn wir sie dabei vernichten.

Dieser tiefreichende Widerspruch zwischen den vorgegebenen und den faktisch gelebten Werten hat schwerwiegende Folgen für die ganze Nation wie für jeden einzelnen. Im Volk unterminiert er die Werte, die unserer Nation Lebendigkeit und Stärke gegeben haben. Unser Führungsanspruch in der Welt gründet sich nicht mehr auf Ideale, sondern auf eine Streitmacht. In jedem einzelnen schwächt ein solcher tiefreichender Wertekonflikt die eigene Energie und führt zu Schuldgefühlen.

Wie kam es, daß wir uns in eine solche Sackgasse verrannten? Im letzten Jahrhundert hatte es den Anschein, als wäre die Maschine ein Mittel, um zu einem erfüllenderen und reicheren Leben zu kommen – ein Leben, das es dem Menschen endlich ermöglichen würde, jene Fähigkeiten und Kräfte zur Entwicklung zu bringen, die nur ihm zu eigen sind: kreatives Denken, Liebe und Kunst. Der Mensch hoffte, daß er erstmals von der Bürde befreit wäre, fast alle Energie auf die Sicherung des Lebensunterhalts verwenden zu müssen, um eine Gesellschaft zu schaffen, in der er frei wäre, er selbst zu sein – ein ganz entwickelter Mensch. Doch der Mensch wurde nicht frei, er selbst zu sein, sondern von seiner neuen Fähigkeit – dem scheinbar unbegrenzten technischen Fortschritt – ganz trunken. Die Maschine beherrscht nun den Menschen, statt den Zwecken des Menschen zu dienen. Ralph Waldon Emerson formulierte bereits mit gutem Gespür für das, was kommen wird, daß die Dinge im Sattel sitzen und den Menschen reiten, noch bevor es bereits so war.

Damit, daß die Güterproduktion und das Konsumieren zum Mittelpunkt der Aktivitäten des Menschen gemacht wurden, kam es auch zu einem fundamentalen Wandel des Wertesystems. Wir akzeptierten schließlich das Prinzip, daß man realisieren *muß*, was zu tun technisch *möglich* ist. Ist es technisch möglich, zum Mond zu fliegen, dann müssen wir dies auch tun, selbst wenn dadurch viele Bedürfnisse auf der Erde unbefriedigt bleiben. Ist es möglich, immer noch destruktivere Waffensysteme zu bauen, dann muß man dies auch tun, selbst auf die Gefahr hin, uns und die gesamte Menschheit auszulöschen.

Der technische Fortschritt droht zum Ursprung von Werten zu werden und die über Tausende von Jahren gültigen Normen, nämlich das zu tun, was wahr, schön und der psychischen Entfaltung des Menschen zuträglich ist, hinwegzufegen.

Noch eine andere Norm, die uns von dem immer komplexer werdenden technologischen System diktiert wurde, haben wir akzeptiert: daß bei der Güterproduktion wie bei der Organisation des Zusammenlebens das höchste Prinzip eine *maximale Effizienz* ist. Dieses Prinzip hat das Prinzip minimaler Individualität zur Folge. Je mehr ein Mensch auf leichte Handhabbarkeit und auf berechenbare Maßeinheiten zurechtgeschnitten werden kann, desto effektiver ist der Umgang mit ihm. Zahlen und Lochkarten bringen es mit sich, daß die feinen, aber wichtigen individuellen Unterschiede eliminiert werden.

Die Folgen für den Menschen sind nicht zu übersehen: Der nur noch mit Produktion, Verkauf und Konsum von Dingen beschäftigte Mensch wird selbst immer mehr zu einem Ding. Er wird zum völligen Konsumenten, der nur noch alles passiv in sich hineinnimmt: von Zigaretten und Alkoholika bis zum Fernsehen und zu Filmen, ja selbst Vorträge und Bücher konsumiert er. Er fühlt sich einsam und ängstlich, weil er jenseits der Bewältigung des Alltags keinen wirklichen Sinn in seinem Leben mehr erkennen kann. Er langweilt sich und bewältigt seine Langeweile damit, daß er immer mehr und anderes konsumiert und sich von sinnlosen Anregungen kitzeln läßt. Sein Denken ist vom Fühlen abgetrennt, die Wahrheit von der Leidenschaft, sein Kopf von seinem Herzen. Ideen sprechen ihn nicht an, denn er denkt in Begriffen von Kalkulation und Wahrscheinlichkeit, statt daß er sich von Überzeugungen und Verbindlichkeiten leiten läßt.

Die vermutlich größte Gefahr unseres gegenwärtigen System ist die Tatsache, daß Dinge, Apparate und technische Errungenschaften attraktiver werden als Leben und Wachstum. Zu viele von uns würden sich am liebsten als „nackte Affen" sehen, die mit einem Computergehirn ausgestattet sind. Wäre dies möglich, dann – so glauben sie – könnte sie nichts mehr beunruhigen: Unsere Gefühle würden dann von Instinkten und Trieben aktiviert werden und hielten sich auf dem Niveau der Tiere, während unser Denken die Präzision eines Computers erreichen würde.

Der Mensch ist jedoch weder ein Tier noch ein Computer. Kann er sich nicht mehr freuen und hat er kein sinnvolles Interesse am Leben mehr, spürt er, daß seine Seele gestorben ist, während er physisch noch am Leben ist, dann langweilt er sich und fängt an, das Leben zu hassen und möchte es zerstören. Der Zerstörer ist der wahre Gegenspieler Gottes. Es ist das Wesen Gottes, zu erschaffen. Mit der Zerstörung macht der Mensch das Wunder der Schöpfung durch einen Akt rückgängig, der weder Fertigkeiten noch Talente erfordert, sondern nur den Besitz von Waffen.

Es ist ganz natürlich, daß sich die Amerikaner in diesen Tagen mit der Welle von Gewalt beschäftigen, deren hervorstechendstes Symptom die Ermordung politischer Führer ist. Diese Gewalttaten sind nur die Spitze eines Eisberges, dessen Hauptteil eine Gleichgültigkeit gegenüber dem Leben und ein Gewalt- und Destruktivitätspotential ist.

Es wäre allerdings ein fataler Irrtum, wollte man das Gewaltpotential durch schärfere Bestrafung von Verbrechen und durch mehr „Gesetz und Ordnung" reduzieren. Irrationale Gewalt als Ausgeburt von Langeweile und Hoffnungslosigkeit läßt sich durch Bestrafung nicht aus der Welt schaffen oder vermindern. Wenn das Leben aufhört, attraktiv und interessant zu sein, gerät der Mensch in Verzweiflung und ist gerade nicht bereit, auf die Befriedigung durch Zerstörung zu verzichten, selbst dann nicht, wenn es um sein eigenes Leben geht.

In Wirklichkeit wird unser demokratisches System nicht nur durch das Anwachsen der Gewalt ernsthaft bedroht, sondern auch durch die gewachsene Gegen-Gewalt. Wir müssen auf der Hut sein, daß jene, die dem demokratischen Prozeß kein Vertrauen entgegenbringen, den Versuch machen, ihn unter der Vorgabe, ihn schützen zu wollen, erwürgen.

Ich behaupte, daß der Trend zu immer mehr Destruktivität und Gewalt nur gestoppt werden kann, wenn wir anfangen, uns statt mit den Symptomen mit den eigentlichen Ursachen zu beschäftigen. Eine solche Zielsetzung läßt sich nicht ohne eine neue „Stimmung" in unserer Nation verfolgen, einer Stimmung der Hoffnung und der Liebe zum Leben, die an die Stelle einer Stimmung der Hoffnungslosigkeit und des Angezogensein vom Mechanischen und Leblosen tritt.

Hat ein solches Ideal überhaupt eine Basis im „Geist" des amerikanischen Volkes? Die Antwort auf diese Frage stellt den wichtigsten Grund für unsere Hoffnung dar. Es gibt sicher viele, die die Rolle von Automaten übernommen haben und dann resignierten, doch Millionen von Amerikanern – und ich glaube, es ist die Mehrheit – sind sich ausdrücklich bewußt oder ahnen doch zumindest etwas von der Gefahr der Dehumanisierung und protestieren deshalb gegen das weitere Anwachsen der leblosen Konsumentengesellschaft, von der ich gesprochen habe. Sie sind nicht bereit, ihren Sinn für Individualität, ihre Werte, ihre

Hoffnung, ihr Fragen nach dem Sinn des Lebens aufzugeben und bestehen auf einem Leben, das auf ihre menschlichen Bedürfnisse und Sehnsüchte antwortet. Sie spüren, daß noch mehr Autos und noch mehr Apparate sie nicht glücklicher machen werden. Sie schätzen die Hilfe, die Maschinen und ihre Produkte für das Leben eines jeden Menschen darstellen; sie wollen weder die Maschinen noch die Computer abschaffen, doch sie wollen auch nicht, daß sie zu unseren Herrschern werden, denen wir unser echtes menschliches Wachstum opfern. Sie fühlen, daß es darauf ankommt, mehr zu *sein*, statt mehr zu *haben* und mehr zu *gebrauchen*.

Dieser Hunger nach Leben läßt sich nicht nur bei Millionen von Amerikanern finden, sondern auch in Europa, insbesondere unter den Studenten. Sie rebellieren im Namen des Lebens gegen bürokratische Methoden im Bildungssystem. Mag man auch gegenüber manchen Methoden Vorbehalte haben, so sollte man doch nicht den Blick für die Tatsache verlieren, daß ihre Gewaltanwendung immer Gewalt gegen Sachen ist und sich nicht gegen das Leben richtet. Es besteht ein großer Unterschied zwischen Sachbeschädigungen und Gewaltanwendungen, die sich gegen das Leben richten.

Die Mitglieder der neuen Bewegung in Amerika, der es um Versöhnung, Wiederaufbau, Frieden und Hoffnung geht, kommen aus allen traditionellen, politischen und religiösen Gruppen. Sie stellt eine Gruppierung dar, deren Zusammensetzung von den Konservativen – mit Ausnahme der fanatischen Rechten – bis zu den Radikalen reicht – mit Ausnahme jener Verzweifelten und Hoffnungslosen, die die amerikanische Gesellschaft für tot und nicht wiederbelebbar halten. Viele haben zwar vermutet, daß es in Amerika eine solche neue Gruppierung gibt, weder ihre Existenz noch ihre Größe konnte jedoch bewiesen werden. Meine Präsidentschaftskampagne hat den Beweis geliefert. Sie ist nicht deshalb so erfolgreich, weil ich ein Retter oder ein

Held wäre, sondern weil ich die Sehnsüchte all jener Amerikaner artikuliere, die den Glauben an die Vergangenheit und an die Zukunft unseres Landes noch nicht verloren haben.

Die Menschen in dieser neuen amerikanischen Bewegung haben alle ihre eigenen Ideen und Vorstellungen. Gemeinsam ist ihnen aber der Glaube, daß Begriffe und Worte weniger wichtig sind als die Persönlichkeit, die ein Mensch ausstrahlt. Sie teilen die Überzeugung, die Abbé [Dominique Georges] Pire treffend so ausgedrückte: „Worauf es heute ankommt, ist nicht der Unterschied zwischen denen, die glauben, und denen, die nicht glauben, sondern der zwischen denen, die Sorge tragen, und denen, die sich um nichts kümmern."

Was kann getan werden, um den gefährlichen Entwicklungen, von denen ich sprach, eine Wendung zu geben? Es ist hier nicht der Ort, um einen Zukunftsplan zu entwickeln, zumal ein solcher erst entworfen werden könnte, wenn Wirtschaftswissenschaftler, Politiker, kreative Künstler und Humanwissenschaftler noch mehr nachgedacht und geforscht haben. Jetzt, in diesem Augenblick, kommt es nur darauf an, daß wir die Richtung ändern und auf ein neues Ziel zusteuern, statt weiter in eine Richtung zu gehen, die ins Verderben führt. Ob wir dabei im ersten Jahr zehn Kilometer oder 100 Kilometer zurücklegen, ist nicht so wichtig. Wir sollten nicht vergessen: Je schneller jemand in die falsche Richtung geht, desto schneller erreicht er den Abgrund, während selbst eine langsamere Gangart in der richtigen Richtung uns Hoffnung, eine Vision und Geduld gibt.

Auch wenn ich nicht fähig bin, eine detaillierte Zukunftsplanung zu liefern, so kann ich doch einen Überblick über ein paar spezielle Zielsetzungen für eine neue Politik geben:

(1) Zuallererst müssen wir den Krieg in Vietnam beenden, und zwar unter Bedingungen, die nicht nur unserem Ehrgefühl gerecht werden, sondern auch der Ehre unserer Gegner, und die vor allem dem uns allen gemeinsamen Wunsch, zu leben und zu gestalten entsprechen. Es läßt sich ganz gewiß ein Weg zum Frieden finden, wenn unsere Angebote glaubwürdig sind und wir endlich damit aufhören, uns die Funktion des Polizisten für die ganze Welt anzumaßen.

(2) Dann müssen wir endlich der Bedrohung durch einen Atomkrieg, die jeden einzelnen und die ganze übrige Welt betrifft, ein Ende setzen. Um dieses Ziel zu erreichen, kann viel getan werden. Wir müssen die Atmosphäre des Kalten Krieges beenden und zu einer Verständigung mit der Sowjetunion kommen, die in beiden Ländern eine beträchtliche Reduktion der Rüstung erlaubt.

(3) Wir dürfen nicht mehr länger unsere Politik durch kleine und oft undemokratische Regierungen, die unsere Hilfe nur deshalb erhalten, weil sie sich als anti-kommunistisch ausgeben, behindern lassen. Wir müssen die anormale Situation beseitigen, daß die Realität der Pekinger Regierung und der 700 Millionen Chinesen, die sie vertreten, nicht anerkannt wird.

(4) Gelingt es uns, den Krieg in Vietnam und den Kalten Krieg zu beenden, dann haben wir die materiellen Mittel und die Energien, um uns konstruktiven Aufgaben im eigenen Land und im Ausland zuzuwenden. Im eigenen Land ist die dringendste Aufgabe, jenem Teil der amerikanischen Bevölkerung mit massiver wirtschaftlicher Unterstützung beizustehen, der nicht am materiellen Wohlstand der Mehrheit teilhat. Dies bedeutet, daß neue Wohnmöglichkeiten in den Gettos geschaffen werden, aber auch in jenen Gegenden außerhalb der Städte, in denen es Industrie und Arbeitsplätze gibt. Darüber hinaus müssen neue Bil-

dungsangebote in den Gettos geschaffen werden, und zwar solche, die die Einwohner auch dazu befähigen, jene Arbeitsplätze zu bekommen, die unsere technische Gesellschaft anbietet.

(5) Zusammen mit anderen hochentwickelten Ländern müssen wir die ökonomische Entwicklung der armen Länder fördern. Dies kann am besten durch Unterausschüsse der Vereinten Nationen erreicht werden. Eine Bedingung für eine derartige Hilfe muß sein, daß die armen Völker nicht mehr länger als Faustpfand im Kalten Krieg benützt werden und daß sich die besten Köpfe auf der Welt daran setzen, weltweite Programme für diese Art von Hilfe auszuarbeiten. Mag sein, daß dies finanzielle Opfer abverlangen wird, doch die meisten Amerikaner werden gerne für Zwecke Opfer bringen, die dem Leben und nicht der Zerstörung dienen.

Es gibt wichtige Zielsetzungen, die von vielen Amerikanern unmittelbar verstanden werden, selbst wenn sie nur kurz angedeutet werden. Wir müssen die derzeit vorherrschende Art der bürokratischen Methoden ändern. Bei dieser Art werden die Menschen verwaltet, wie wenn sie Dinge wären, egal ob es um Angestellte in den Betrieben geht oder um Schulen, Universitäten oder Krankenhäuser. Diese Art des bürokratischen Umgangs beraubt den einzelnen jedes Gespürs für Eigeninitiativen und nährt nur den Glauben, daß der einzelne nichts tun kann, es sei denn, es wird von der Behörde geplant und organisiert. Wir müssen uns deshalb eine andere Art des bürokratischen Vorgehens ausdenken, die den Menschen nicht zu einem ohnmächtigen Gegenstand macht, sondern es ihm ermöglicht, die Verwaltung zu kontrollieren und seine Stimme zu Gehör zu bringen. Wenn des Menschen Erfindungsgeist und seine Kreativität aus den Fängen der todbringenden bürokratischen Methoden befreit ist, werden neue Energien in seine Arbeit und Freizeit fließen.

Die Demokratie darf nicht beschränkt werden, sondern muß einen größeren Raum bekommen. Der einzelne muß eine Chance haben, in allen Fragen und Angelegenheiten, die ihn betreffen, in echter und verantwortlicher Weise teilzuhaben. Es muß Schluß sein mit der Manipulation durch Massensuggestion und subtilen Formen der Hypnose. In dieser Hinsicht können Versuche, zu dezentralisieren und kleine Gruppen zu bilden, in denen jeder den anderen noch kennt und die ein Ersatz für die früheren Ortstreffen sind, eine große Hilfe sein. Anfänge einer solchen Entwicklung lassen sich bereits in manchen fortschrittlichen Methoden des Industriemanagements finden sowie in vielen spontanen Gruppenaktivitäten im ganzen Land.

Amerika steht heute an einem Scheideweg: Der eine Weg führt in Richtung weiterer Kriege und Gewaltanwendung sowie noch mehr Bürokratisierung und Automatisierung des Menschen. Der andere führt zum Leben, zu Frieden und politischer und spiritueller Erneuerung. Vermutlich gibt es kein anderes Land, in dem die Chancen für eine solche Erneuerung so gut stehen wie in den Vereinigten Staaten. Gehen wir den Weg in Richtung Leben, dann wird Amerika fähig sein, Vorbild und Beispiel für die ganze Welt zu sein, und zwar nicht wegen seiner Macht, sondern auf Grund seiner inneren Stärke und seiner Vorstellungskraft. Noch nie wurde ein Volk so deutlich mit dem Satz der Bibel konfrontiert: „Leben und Tod lege ich dir vor. Wähle das Leben!“ [Dtn 30,19] Ich rufe alle Amerikaner auf, mir dabei zu helfen, daß diese Wahl möglich wird.

3. Aufruf zum gemeinsamen Kampf gegen den Götzendienst (1975)

Die Dynamik der Entfremdung des modernen Menschen und die durch sie heraufbeschworene Überlebensfrage motivierte Fromm zu dem nachfolgenden Aufruf, gegen die Entfremdung zu kämpfen.

Der Aufruf richtete sich an humanistische Christen und trug die Überschrift: „A Non-Christian Humanist Addresses Himself to Humanist Christians". Der als Flugblatt gestaltete Aufruf aus dem Jahr 1975 ist auch in dem von Ivan Illich in Cuernavaca gegründeten „Centro Intercultural de Documentación" (CIDOC) nachgewiesen.

Wir sind heute Zeugen eines historischen Phänomens von großer Tragweite: Die Industriegesellschaft erliegt nahezu völlig einem neuen Heidentum. Seit den Anfängen des jüdisch-christlichen und des griechischen Denkens und der Pflege seiner Werte bis zum Beginn des 20. Jahrhunderts ließ sich die Entstehung und das Zur-Blüte-Kommen eines Humanismus beobachten, dem es vor allem um die Entfaltung jener Tugendeigenschaften geht, die den Menschen zum Menschen werden lassen. Diese Entwicklung ging nicht geradlinig vor sich, stellt aber doch eine nie unterbrochene lebendige Tradition dar.

Heute sind wir Zeugen einer neuen Art von Anti-Humanismus, eines (häufig sehr abstrakten und verkopften) Götzendienstes. Dieser neue Götzendienst präsentiert sich nicht mehr im Gewand der alten heidnischen Religionen. Vielmehr versteckt sich das neue Heidentum nur allzugern unter dem Schutzmantel der großen Kirchen und vertritt im Kern eine antichristliche, antijüdische, antimuslimische, antibuddhistische Religiosität.

Beim Götzendienst geht es nicht um die Verehrung bestimmter Götter anstelle von anderen oder um die Verehrung des einen Gottes anstelle von vielen Göttern. Götzendienst ist eine menschliche Haltung, bei der alles Lebendige verdinglicht, zur Sache gemacht wird. Götzendienst bedeutet, daß der Mensch sich den Dingen unterwirft und sich selbst als lebendiges, offenes, sein Ich transzendierendes Wesen negiert. Götzen sind Götter, die nicht befreien. Wenn der Mensch Idole verehrt, macht er sich selbst zu einem Gefangenen und verzichtet auf seine Befreiung. Idole sind Götter, die nicht lebendig sind; mit ihrer Verehrung wird der Mensch selbst zu einem toten Ding.

Das moderne Verständnis von Entfremdung drückt die gleiche Vorstellung aus wie der überbrachte Begriff der Idolatrie, des Götzendienstes. Der entfremdete Mensch verneigt sich vor dem Werk seiner eigenen Hände und vor den Umständen, die er selbst geschaffen hat. Die Dinge und die Umstände werden zu seinen Lehrmeistern. Sie stehen über ihm und ihm gegenüber, und gleichzeitig erfährt sich der Mensch nicht mehr selbst als kreativer Träger von Leben. Er entfremdet sich von sich selbst, von seiner Arbeit und von seinem Nächsten.

Der Mensch von heute glaubt, daß die dem Moloch dargebrachten Kindsopfer eine widerwärtige Manifestation des Götzendienstes in der Vergangenheit waren. Er würde sich weigern, Moloch oder Mars oder Venus zu verehren. Und er merkt nicht, daß er die gleichen Idole anbetet, wenn auch unter anderen Namen. Die Götzen der Gegenwart sind die Objekte einer systematisch gezüchteten Gier – der Gier nach Geld, Macht, Lust, Ehre, Essen und Trinken. Der Mensch betet die Mittel und Zwecke dieser Gier an: die Produktion, den Konsum, die militärische Macht, das Geschäft, den Staat. Je stärker er die Götzen macht, desto armseliger wird der Mensch und desto leerer fühlt er sich. Statt sich zu freuen, sucht er den Kitzel; statt das Leben zu lieben, ist er in die technische Welt der Apparate vernarrt; statt Wachstum sucht er Reichtum; statt zu sein, interessiert ihn das Haben und das Benutzen.

All dies führt dazu, daß der moderne Mensch – abgesehen von den götzendienerischen Werten – keinerlei zusammenhängendes Wertesystem mehr hat. Er ängstigt sich, ist depressiv, hoffnungslos und bereit, das Risiko einer atomaren Selbstzerstörung einzugehen, weil das Leben keinen

Sinn mehr hat, uninteressant ist und aufgehört hat, Freude zu machen. Kann diese Entwicklung nicht gestoppt werden, gibt es nichts mehr, was eine atomare Katastrophe verhindern könnte. Bleibt noch Zeit für eine Änderung? Wer fühlt sich verantwortlich, auf eine solche Veränderung hinzuarbeiten?

Niemand weiß, ob für eine Veränderung noch genügend Zeit bleibt. Aber können wir die Hoffnung aufgeben, solange es noch Leben gibt?

In die Verantwortung gerufen sind alle, die durch ihre gemeinsame Ablehnung des Götzendienstes vereint sind. Dies gilt insbesondere für alle Humanisten innerhalb der [christlichen] Kirchen, die die älteste westliche humanistische Tradition repräsentiert. Die Kirche vermag mit einer Autorität zu sprechen und kann vielleicht jene erreichen, die sich noch eine gewisse Wahrnehmungsfähigkeit für den Ruf der Propheten und des Evangeliums erhalten haben, obwohl sie zu Götzenanbetern geworden sind. Es geht heute nicht darum, die Heiden zum Christentum zu bekehren. Es gilt vielmehr, Christen wie Nichtchristen vom Götzendienst wegzubringen.

Humanistische Christen müssen in der ihnen eigenen Sprache das zum Ausdruck bringen, wonach die Menschen zu hören dürsten: Sie müssen vom Widerspruch zwischen Leben und Dinghaftem, zwischen Ideen und Ideologien und zwischen der Freude am Leben und dem Kitzel des Konsums sprechen. Sie müssen deutlich machen, daß ihrer echten religiösen Überlieferung gemäß das Verbot des Götzendienstes die Grundlage aller anderen Gebote und Vorstellungen ist. Würde es gelingen, wenigstens zehn Prozent der Bevölkerung der westlichen Welt aufzuwecken und dazu zu bringen, daß sie sich der entscheidenden Wahl bewußt werden, könnte dies bereits über Katastrophe oder Leben entscheiden.

Wie dies im einzelnen erreicht werden könnte, muß von denen gut überlegt werden, die davon betroffen sind. Ein eigens dafür gebildetes Komitee, das sich aus Mitgliedern der verschiedenen Religionen und Länder zusammensetzt, könnte diese neue Art missionarischer Arbeit organisieren. Auch könnte über die Einführung eines neuen „Rituals" nachgedacht werden – zum Beispiel 15 Minuten stiller Meditation, die bei sämtlichen Treffen praktiziert werden könnte. Allerdings dürfte es in einer Hinsicht keinerlei Kompromisse geben: Wer an solchen Treffen teilnimmt, muß fähig sein, jede Art von Ideologie zu vermeiden und muß von Herz zu Herz sprechen können. Niemand darf Angst haben, jemanden zu verletzen. Und immer sollten sie sich bewußt sein, daß die Verminderung von Haß und Überheblichkeit in einem selbst ein tägliches Bemühen sein muß.

4. Credo eines Humanisten (1965)

Das „persönlichste" Buch, das Fromm je geschrieben hat, ist sein 1962 veröffentlichtes Buch Jenseits der Illusionen. Die Bedeutung von Marx und Freud. *Es beginnt mit einem autobiographischen Kapitel und endet mit dem viel zitierten „Credo" Fromms, in dem er sein Bild vom Menschen, seine Einsichten in die progressive oder regressive Dynamik menschlicher und gesellschaftlicher Prozesse in einer Art Glaubensbekenntnis zusammenfaßt.*

Das hier erstmals veröffentlichte „Credo eines Humanisten" ist Fromms humanistisches Glaubensbekenntnis. Es wurde vermutlich im Anschluß an sein Buch Die Seele des Menschen. Ihre Fähigkeit zum Guten und zum Bösen (1964a) *im Jahre 1965 verfaßt. Das englische Typoskript trägt die Überschrift „Some beliefs of man, in man, for man." Der im englischen Original gebrauchte Begriff „humanity" wird je nach Zusammenhang mit „Menschsein", „Menschheit" und „Menschlichkeit" (Humanität) übersetzt.*

Ich glaube, daß sich die Einheit des Menschen aus der Tatsache ergibt, daß der Mensch ein sich seiner selbst bewußtes Leben ist. Darin unterscheidet er sich von anderen Lebewesen. Der Mensch ist sich seiner selbst bewußt: seiner Zukunft (das heißt der Tatsache, daß er sterben muß), seiner Kleinheit und seiner Ohnmacht; er nimmt die anderen als andere wahr; er lebt in der Natur und ist ihren Gesetzen unterworfen, auch wenn er sie mit seinem Denken übersteigt.

Ich glaube, daß der Mensch das Ergebnis einer natürlichen Evolution ist, die aus dem Konflikt entspringt, daß er in der Natur gefangen und gleichzeitig von ihr getrennt ist, und aus dem Bedürfnis, Einheit und Harmonie mit der Natur zu finden.

Ich glaube, daß die Natur des Menschen in einem Widerspruch zu fassen ist, der in den Bedingungen der menschlichen Existenz wurzelt und eine Suche nach Lösungen notwendig macht, die ihrerseits neue Widersprüche und das Bedürfnis nach neuen Antworten erzeugen.

Ich glaube, daß jede Antwort, die auf diese Widersprüche gegeben wird, die Voraussetzung erfüllt und dem Menschen hilft, sein Gefühl des Abgetrenntseins zu überwinden und ein Gespür der Zustimmung, der Einheit und der Zugehörigkeit zu erlangen.

Ich glaube, daß der Mensch bei jeder Antwort, die er auf diese Widersprüche gibt, nur die Möglichkeit der Wahl hat, entweder vorwärts oder rückwärts zu gehen. Diese Wahlmöglichkeiten, die sich in bestimmten Handlungen manifestieren, sind die Wege, auf denen wir in unserem Menschsein regredieren oder progredieren.

Ich glaube, daß der Mensch grundsätzlich die Wahl hat zwischen Leben und Tod, zwischen Kreativität und destruktiver Gewalt, zwischen Wirklichkeitssinn und Illusion, zwischen Objektivität und Intoleranz, zwischen brüderlicher Unabhängigkeit und einer Bezogenheit auf Grund von Über- und Unterordnung.

Ich glaube, daß man dem Leben die Bedeutung andauernder Geburt und beständiger Entwicklung zuschreiben kann.

Ich glaube, daß man dem Tod die Bedeutung des Endes von Wachstum beziehungsweise ständige Wiederholung zuschreiben kann.

Ich glaube, daß der Mensch, der die regressive Antwort gibt, dadurch Einheit zu finden versucht, daß er sich von der unerträglichen Angst vor Einsamkeit und Unsicherheit zu befreien versucht, indem er das, was ihn menschlich macht und zum Problem wird, entstellt. Die regressive Orientierung entwickelt sich in drei Erscheinungsweisen, die getrennt oder im Verbund auftreten: in der Nekrophilie, im Narzißmus und in der inzesthaften Symbiose.

Mit *Nekrophilie* meine ich die Liebe zu allem, was mit Gewaltanwendung und Destruktivität zu tun hat; den Wunsch zu töten; die Bewunderung von Macht; das Angezogensein vom Toten, vom Selbstmord, vom Sadismus; den Wunsch, Organisches mit Hilfe von „Ordnungschaffen" in Anorganisches zu verwandeln. Da dem Nekrophilen die erforderlichen Eigenschaften für Kreatives abgehen, ist es ihm in seiner Unfähigkeit ein leichtes, zu zerstören, denn für ihn dreht sich alles nur um Gewalt.

Mit *Narzißmus* meine ich, daß der Mensch aufhört, ein lebendiges Interesse an der Außenwelt zu zeigen, und eine starke Bindung an sich selbst, an seine eigene Gruppe, an den eigenen Klan, die eigene Religion, Nation, Rasse usw. entwickelt. Dabei kommt es zu gravierenden

Verzerrungen in seinem rationalen Urteilsvermögen. Ganz allgemein entsteht das Bedürfnis nach narzißtischer Befriedigung, wenn materielle und kulturelle Armut kompensiert werden muß.

Mit *inzesthafter Symbiose* meine ich die Tendenz, an die Mutter und ihre Ersatzfiguren – das Blut, die Familie, den Stamm – gebunden zu bleiben, der unerträglichen Bürde der Verantwortung, der Freiheit und des Bewußtseins zu entfliehen und in einem Hort von Sicherheit und Abhängigkeit Schutz und Liebe zu bekommen. Dafür bezahlt der einzelne mit dem Ende seiner eigenen menschlichen Entwicklung.

Ich glaube, daß der Mensch, der sich für das Vorwärtsgehen entscheidet, eine neue Einheit finden kann, indem er alle seine menschlichen Kräfte zur vollen Entfaltung bringt. Diese können sich in drei Weisen entfalten und allein oder im Verbund in Erscheinung treten: in der Biophilie, in der Liebe zur Menschheit und zur Natur und in Unabhängigkeit und Freiheit.

Ich glaube, daß die Liebe sozusagen der „Hauptschlüssel" ist, mit dem sich die Tore zum Wachstum des Menschen öffnen lassen. Ich meine damit Liebe zu und Einssein mit jemand anderem oder etwas außerhalb von mir selbst, wobei das Einssein besagt, daß man sich auf andere bezieht und sich mit anderen eins fühlt, ohne damit sein Gespür für die eigene Integrität und Unabhängigkeit einschränken zu müssen. Liebe ist eine produktive Orientierung, zu deren Wesen es gehört, daß folgende Merkmale gleichzeitig vorhanden sind: Man muß sich für das, womit man eins werden will, interessieren, sich für es verantwortlich fühlen, es achten und es verstehen.

Ich glaube, daß die Praxis der Liebe das menschlichste Tun ist, das den Menschen ganz zum Menschen macht und ihm zur Freude am Leben gegeben ist. Für diese Praxis der Liebe gilt aber – wie für die Vernunftfähigkeit: Sie ist sinnlos, wenn sie nur halbherzig vollzogen wird.

Ich glaube, daß man erst „frei von" seinen inneren und/oder äußeren Bindungen sein muß, wenn man die Fähigkeit erlangen möchte, auch „frei zu" etwas zu sein: zu schöpferischem, gestaltendem Tun, zu mehr Erkenntnis usw. Erst dann ist man fähig, ein freies, tätiges, verantwortliches Wesen zu sein.

Ich glaube, daß *Freiheit* die Fähigkeit ist, der Stimme der Vernunft und des Wissens zu folgen und den Stimmen irrationaler Leidenschaften zu widerstehen. Sie ist die Befreiung, die den Menschen freispricht und ihm den Weg ebnet, seine eigenen vernünftigen Fähigkeiten zu gebrauchen, die Welt in ihrer Objektivität zu verstehen und den Platz, den der Mensch darin einnimmt, zu erkennen.

Ich glaube, daß der „Kampf für die Freiheit" im allgemeinen ausschließlich die Bedeutung hatte, gegen jene Autorität zu kämpfen, die einem aufgedrängt wurde und deren Ziel es war, den Willen des einzelnen zu brechen. Heute sollte der „Kampf für die Freiheit" bedeuten, daß wir uns einzeln und gemeinsam von jener „Autorität" befreien, der wir uns „freiwillig" unterworfen haben. Wir sollten uns von jenen inneren Mächten befreien, die uns zu dieser Unterwerfung zwingen, weil wir unfähig sind, die Freiheit zu ertragen.

Ich glaube, daß Freiheit keine konstante Wesenseigenschaft ist, die wir haben oder auch nicht haben. Vermutlich gibt sie es in Wirklichkeit nur als Akt unserer Selbstbefreiung, wenn wir von unserer Freiheit, wählen zu können, Gebrauch machen. Jeder Schritt im Leben, der den Grad der Reife des Menschen erhöht, erhöht auch seine Fähigkeit, die freimachende Alternative zu wählen.

Ich glaube, daß die Wahlfreiheit nicht für alle Menschen in jedem Augenblick in gleicher Weise gegeben ist. Wer ausschließlich nekrophil, narzißtisch oder symbiotisch-inzestuös orientiert ist, hat nur die „Wahl", sich regressiv zu entscheiden. Der freie Mensch, der von irrationalen Bindungen befreit ist, kann keine regressive Wahl mehr treffen.

Ich glaube, daß es das Problem der Wahlfreiheit nur bei Menschen mit gegenläufigen Orientierungen gibt und daß diese Freiheit immer stark von unbewußten Wünschen und von beschwichtigenden Rationalisierungen bedingt wird.

Ich glaube, daß niemand seinen Nächsten dadurch „retten" kann, daß er für ihn eine Entscheidung trifft. Die einzige Hilfe besteht darin, daß er ihn in aller Aufrichtigkeit und Liebe sowie ohne Sentimentalität und Illusionen auf mögliche Alternativen hinweisen kann. Das erkennbare Bewußtwerden befreiender Alternativen kann in einem Menschen alle seine verborgenen Energien wachrufen und ihn auf den Weg bringen, auf dem er das Leben statt den Tod wählt.

Ich glaube, daß der Mensch die *Gleichheit* aller Menschen spüren kann, wenn er sich ganz und gar zu erkennen versucht und dabei merkt, daß er den anderen gleicht und er sich mit ihnen identifiziert. Jeder einzelne Mensch trägt die Menschheit in sich. Die *conditio humana* ist eine und dieselbe für alle Menschen, trotz der unübersehbaren Unterschiede bezüglich Intelligenz, Begabung, Körpergröße, Hautfarbe usw.

Ich glaube, daß man an die Gleichheit der Menschen gerade deshalb erinnern muß, weil damit ein Ende gemacht werden muß, daß der Mensch ein Instrument des anderen wird.

Ich glaube, daß *Brüderlichkeit* die auf den Nächsten gerichtete Liebe ist. Sie bleibt freilich eine Worthülse, solange nicht alle inzesthaften Bindungen ausgemerzt sind, die den Menschen daran hindern, über den „Bruder" in objektiver Weise zu urteilen.

Ich glaube, daß der einzelne so lange nicht mit seiner Menschheit in sich in engen Kontakt kommen kann, solange er sich nicht anschickt, seine Gesellschaft zu transzendieren und zu erkennen, in welcher Weise diese die Entwicklung seiner menschlichen Potentiale fördert oder hemmt. Kommen ihm die Tabus, Restriktionen, entstellten Werte ganz „natürlich" vor, dann ist dies ein deutlicher Hinweis darauf, daß er keine wirkliche Kenntnis der menschlichen Natur hat.

Ich glaube, daß die Gesellschaft in ihrer stimulierenden und zugleich hemmenden Funktion schon immer in Konflikt mit dem Menschsein ist. Erst wenn der Zweck der Gesellschaft mit der des Menschseins identisch ist, wird die Gesellschaft aufhören, den Menschen zu lähmen und sein Streben nach Herrschaft zu beflügeln.

Ich glaube, daß man auf eine gesunde und vernünftige Gesellschaft hoffen kann und muß. Eine solche Gesellschaft fördert die Fähigkeit des Menschen zur Nächstenliebe, zur Arbeit und zum Gestalten, zur Entwicklung seiner Vernunft und zu einer objektiv richtigen Selbstwahrnehmung, die in der Erfahrung seiner produktiven Energie gründet.

Ich glaube, daß man für die breite Bevölkerung auf die Wiedergewinnung psychischer Gesundheit hoffen kann und muß. Diese zeichnet sich durch die Fähigkeit zur Liebe und zu schöpferischem Tun aus, durch die Befreiung von inzesthaften Bindungen an den Klan und an den Boden, durch ein Identitätserleben, bei dem der einzelne sich als das Subjekt und den Vollzieher seiner eigenen Kräfte erfährt, durch die Fähigkeit, sich von der Wirklichkeit innerhalb und außerhalb von einem selbst berühren zu lassen und die Entwicklung von Objektivität und Vernunft zu verwirklichen.

Ich glaube, daß in dem Maße, in dem unsere Welt verrückt und unmenschlich zu werden scheint, eine immer größere Zahl von Menschen die Notwendigkeit spürt, sich zusammenzutun und mit Menschen zusammenzuarbeiten, die ihre Sorgen teilen.

Ich glaube, daß diese Menschen guten Willens nicht nur zu einer menschlichen Deutung der Welt kommen sollten, sondern auch auf den Weg hierzu verweisen und für eine mögliche Veränderung arbeiten müssen. Eine Deutung ohne den Wunsch nach Veränderung ist nutzlos. Eine Veränderung ohne vorausgehende Deutung ist blind.

Ich glaube, daß die Verwirklichung einer Welt möglich ist, in der der Mensch viel *sein* kann, selbst wenn er wenig *hat*; in der der vorherrschende Beweggrund seines Lebens nicht das Konsumieren ist; in der der Mensch das erste und das letzte Ziel ist; in der der Mensch den Weg finden kann, seinem Leben einen Sinn zu geben, und die Stärke, frei und illusionslos zu leben.

5. Bemerkungen über die Beziehungen zwischen Juden und Deutschen (1978)

Die nachfolgenden „Bemerkungen" Fromms zum Verhältnis von Deutschen und Juden gehören zu den allerletzten Manuskripten, die er nach einem 1977 erlittenen schweren Herzinfarkt und der vorübergehenden Schwächung seines Kurzzeitgedächtnisses im Laufe des Jahres 1978 noch fertigstellte. Die „Bemerkungen" dokumentieren nicht nur Fromms lebenslange Suche nach den pro-

duktiven Aspekten des Verhältnisses von Juden und Deutschen, sondern sind zugleich das persönliche Credo des in Deutschland geborenen jüdischen Humanisten Erich Fromm, denn seine Beobachtungen zu Marx, Freud und Einstein und deren Einstellung zur Macht lassen sich ebenso auf ihn selbst anwenden. – Der Übersetzung liegt eine Vorlage von Marianne Koch zugrunde.

Hitlers Versuch, das jüdische Volk zu vernichten, hat das Bild der jüdisch-deutschen Beziehungen derart überschattet, daß sie vielen grundsätzlich negativ erscheint. Es wird dabei aber leicht übersehen, daß rund 100 Jahre deutsch-jüdischen Zusammenlebens auf kulturellem Gebiet außerordentlich fruchtbar waren. (Die Juden haben natürlich in Deutschland schon seit der Invasion der Römer gelebt. Bis zum 18. Jahrhundert jedoch spielte sich ihr Leben kulturell und lokal nur im Getto ab.)

Ist es nicht erstaunlich, daß die einflußreichsten Köpfe der Geistes- und Naturwissenschaften – Marx, Freud und Einstein – alle im 19. Jahrhundert geborene deutsche Juden waren?

Marx entdeckte die Gesetze, die den Lauf der Geschichte bestimmen durch seine Einsicht, daß die Produktivkräfte (menschliche, tierische, mechanische und elektrische Energie) die Produktionsweise bestimmen, die ihrerseits für die gesamte Struktur einer Gesellschaft und der in ihr vorherrschenden Klassenstruktur maßgebend ist. Er gab uns den Schlüssel, die Geschichte zu verstehen, indem er aufzeigte, daß die gesellschaftlichen und politischen Erscheinungen Folgen der ihnen zugrunde liegenden materiellen Bedingungen sind. Er durchdrang die Oberfläche der historischen Prozesse und brachte die Kräfte ans Licht, die sich hinter den direkt beobachtbaren Erscheinungen verbergen.

Freud tat etwas Ähnliches für die Entwicklung des westlichen Denkens. Er versuchte, durch die Oberfläche des bewußtes Denkens durchzustoßen und zu den tiefer liegenden Wurzeln der Gefühle und Gedanken des Menschen zu gelangen. Er bewies, daß das menschliche Bewußtsein das Ergebnis von Einflüssen ist, die dem Betreffenden selbst unbekannt sind und die in der Triebstruktur und den frühen Kindheitserfahrungen des Menschen ihren Ursprung haben.

Einsteins Lehren revolutionierten das Bild, das der Mensch über die physikalische Welt hat. Anders als bei Marx und Freud kann jedoch nur ein Fachmann seine theoretischen Leistungen angemessen würdigen. Einstein war – wie Marx und Freud – durch einen unbezwinglichen Glauben an die Vernunft gekennzeichnet.

Allen ist gemeinsam, daß die von ihnen hervorgebrachten Theorien keine positivistischen Ableitungen von erkennbaren Tatsachen waren, sondern rationale Visionen, die erst viele Jahre nach ihrem Entstehen „bewiesen" wurden bzw., was Freud anbelangt, nie in dem Sinne „bewiesen" werden können, wie man sich im allgemeinen vorstellt, daß wissenschaftliche Feststellungen bewiesen sind.

Alle drei – Marx, Freud und Einstein – waren deutsche Juden. Alle drei waren Genies, die die Richtung des menschlichen Denkens für zukünftige Zeiten bestimmt haben. Weil aber kein Genie eine in der Wüste wachsende Blume ist, sondern einen Boden braucht, der Wachstum ermöglicht und fördert, ist anzunehmen, daß die außerordentliche Produktivität der kulturellen jüdisch-deutschen Verbindung ihre Wurzeln in einer tiefreichenden Affinität der jüdischen und der deutschen Kultur hat. Diese innere Verwandtschaft ist heute nicht mehr so leicht auszumachen, nachdem wir Zeugen der Grausamkeit anti-jüdischer Gesinnung gerade auf jenem Boden der deutschen Bevölkerung wurden, der den Nazismus zum Gedeihen brachte. Dennoch müssen die

Juden und die Deutschen wesentliche Eigenschaften miteinander teilen, die die Fruchtbarkeit ihrer kulturellen Beziehung erklärlich machen.

Meines Erachtens gibt es eine solche wesentliche Eigenschaft, die oft außer acht gelassen wird, weil wir uns bei Deutschland gewöhnlich nur das mächtige Deutsche Reich vorstellen, das ja erst etwa im letzten Viertel des 19. Jahrhunderts entstanden ist, auch wenn seine Entstehung bereits um 1850 angefangen hat. Bis dahin waren Deutsche und Juden über die meiste Zeit ihrer Geschichte ohne Macht. Die Machtlosigkeit der Juden bedarf keines Beweises. Aber auch die Machtlosigkeit der Deutschen wird deutlich, wenn wir Deutschland einmal mit Ländern wie Spanien, Portugal, Frankreich und England vergleichen, die seit Jahrhunderten politisch und wirtschaftlich mächtige Völker waren und sich gegenseitig bei der Herrschaft über einen großen Teil der Erde ablösten. Bis 1871 können die Deutschen zu Recht das „Volk der Dichter und Denker" genannt werden. Vielleicht verkörpert diesen antinationalistischen und antimilitaristischen Geist keiner besser als Goethe, der größte Deutsche aus jener Zeit. Kaum einer hat seine Verachtung von Krieg und Nationalismus schärfer ausgedrückt als Goethe – insbesonders im Zusammenhang mit den sogenannten Befreiungskriegen.

Für mich ist dieser *Mangel an Macht* der gemeinsame Boden für die tiefe geistige Verwandtschaft zwischen Deutschen und Juden und deshalb auch eine Voraussetzung für die außerordentliche Fruchtbarkeit ihres Zusammenlebens. Der Mangel an Macht kann auch die Heftigkeit des Antisemitismus im Nationalsozialismus erklären. Der Nazismus verfolgte den Grundsatz, die Macht Deutschlands auszuweiten. Wenn wir bedenken, daß der jüdische Geist den humanistischen Standpunkt, der jede Macht ablehnte, verkörperte, ein Standpunkt, der für das Judentum wie für die frühere deutsche Kultur typisch war, so lag es aus der Sicht der Nazis nahe, die Juden als eine Gefahr für Deutschland anzusehen. Die Juden stellten schon immer eine Gefahr dar, und zwar nicht nur für Deutschland, denn *sie waren der lebendige Beweis dafür, daß ein Volk 2000 Jahre lang ohne irgendwelche Macht überleben kann*. Sie erschütterten, ja widerlegten die allgemeine Überzeugung, daß Macht und Gewalt – und beide gehören immer zusammen – für das nationale Überleben notwendige Voraussetzungen zu sein scheinen. (Wenn ich hier von *den* Juden spreche, dann meine ich die früheren Generationen. Hitlers Macht und das Trauma des Holocaust haben die Juden so tief getroffen, daß die meisten von ihnen spirituell kapitulierten. Nach dem Holocaust glaubten sie, eine Antwort auf die Frage ihrer Existenz in der Gründung eines Staates gefunden zu haben. Der Staat freilich teilt alle Übel, die mehr oder weniger allen Staaten anhaften, eben weil sie sich auf Macht stützen.) Es läßt sich kaum verleugnen, daß Macht in allen größeren Staaten das leitende Prinzip ist. Auf den Nazismus wegen seiner Kriegslüsternheit und Eroberungssucht zu zeigen, könnte auch ein raffinierter Versuch sein, der Illusion Vorschub zu leisten, daß andere mächtige Nationen anders gehandelt hätten. Damit beziehe ich mich freilich nur auf die Prinzipien der nationalsozialistischen Außenpolitik und nicht auf die brutale Diktatur, die im Innern vorherrschte.

Auf einen naheliegenden Einwand muß hier eingegangen werden. Waren die Juden selber als Bankiers und Kaufleute im 19. Jahrhundert denn nicht doch recht mächtig? Konnten sie im 19. Jahrhundert nicht die Außenpolitik dadurch beeinflussen, daß sie verschiedenen Regierungen Darlehen gewährten? Gewiß, sie besaßen auf Grund ihres Reichtums ein gewisses Maß an politischem Einfluß, und doch hatten sie niemals irgendeine direkte politische Macht. Die reichen Juden des 19. Jahrhunderts blieben größtenteils das, was sie das Mittelalter über waren: Hofjuden. Dies beweist das unwürdige schmeichlerische und unterwürfige Verhalten selbst der reichsten Juden gegenüber Königen und der gesamten Feudalklasse im 19. Jahrhundert. (Vgl. etwa die Beziehung zwischen dem Bankier Baron Gerson von Bleichröder und Otto von Bismarck, wie sie Fritz Stern, 1977, beschreibt.) Es stimmt schon, daß die wohlhabenden Juden bei ihrer Emanzipation eben jenen Stolz und jene Würde über Bord warfen, die für sie typisch waren, solange sie arm waren. Doch dies ist kein spezifisch jüdisches Phänomen. Stolz und Würde, Merkmale der meisten Gesellschaften, verschwinden notwendigerweise im Bürgertum, wenn der Mensch in ein Ding verwandelt wird. Dinge haben einen Preis, aber sie sind nicht stolz.

Die hier vorgebrachte Hypothese könnte in der Richtung mißverstanden werden, daß Machtlosigkeit und Armut als solche eine Grundlage für kulturelle Produktivität seien. Sehr arme Länder können sich ebensowenig wie sehr reiche Länder den „Luxus" erlauben, Genies hervorzubringen. Es ist nicht so, daß die machtlosesten Länder die meisten Genies hervorgebracht hätten. Die optimale Voraussetzung scheint dort gegeben zu sein, wo es weder große Macht noch großen Reichtum gibt.

Die deutsch-jüdische „Mischehe" auf kulturellem Gebiet konnte so lange fruchtbar sein, wie beide Kulturen machtlos waren. Doch dies sollte sich am Ende des 19. Jahrhunderts ändern. Der ökonomische Aufschwung Deutschlands machte aus einem machtlosen Land die größte wirtschaftliche und schließlich auch militärische Macht des europäischen Kontinents. Die deutschen Juden hatten vollen Anteil am Wachstum von Reichtum und Macht Deutschlands und verloren im großen und ganzen die überbrachte Mißbilligung von Macht. Dennoch wäre es naiv anzunehmen, daß genau mit dem Jahr 1871 die auf der Grundlage der Machtlosigkeit gewachsene innere Verwandtschaft zwischen Deutschen und Juden völlig zerbrach.

Während Marx (im Jahre 1818 geboren) noch deutlich in der

vorimperialistischen Zeit der deutschen Geschichte wurzelte, war Freud 1856 in einem Österreich geboren, das mit Ungarn eine schwache und wenig eindrucksvolle Monarchie bildete, die kaum Gefühle der Bewunderung für die eigene Macht hervorrufen konnte. (Politisch waren Deutschland und die österreichisch-ungarische Monarchie natürlich zwei getrennte Staaten. Kulturell jedoch stellten das deutschsprachige Österreich und Deutschland eine Einheit dar, obgleich es einige bezeichnende feine Unterschiede zwischen der deutschen Kultur Österreichs und der Deutschlands gab.) Einstein, im Jahre 1879 geboren, verabscheute alle Macht und jeden machtvollen Staat, unabhängig davon, ob es um den deutschen Staat ging oder nicht. Er war Sozialist, Internationalist und Pazifist und brachte seine Ansichten deutlich in seinen Schriften zum Ausdruck. Als der Erste Weltkrieg ausbrach, war er einer der ganz wenigen deutschen Gelehrten, die es ablehnten, ein patriotisches Manifest zu unterzeichnen.

Es ist eine Tatsache: In den ersten hundert Jahren ihres kulturellen Zusammenlebens hatten die Deutschen und die Juden keine Macht und beteten sie auch nicht an. Meiner Überzeugung nach ist dies der gemeinsame Boden, der die drei deutsch-jüdischen Genies – Marx, Freud und Einstein – hervorbrachte.

III. Meister Eckhart und Karl Marx: Die reale Utopie der Orientierung am Sein (1974)

Als sich Erich Fromm nach Abschluß des Buches Anatomie der menschlichen Destruktivität *(1973 a) endgültig in Locarno in der Schweiz niederließ, wollte er ein Buch über Meister Eckhart und Karl Marx schreiben. Was diese beiden Denker aus so unterschiedlichem historischen und geistigen Kontext verband, war ihr humanistisches Anliegen. Beiden geht es um den Menschen und sein „Seelenheil". Bei beiden ließ sich dieses Interesse mit der Formel „Haben oder Sein" nachweisen.*

Fromm vertiefte sich in die Traktate und die deutschen Predigten von Meister Eckhart, die – von Josef Quint herausgegeben und kommentiert – seit ein paar Jahren in deutscher Sprache vorlagen. Dreizehn Jahre nach Erscheinen von Das Menschenbild bei Marx *(1961 b) beschäftigte sich Fromm erneut mit den Frühschriften von Karl Marx und versuchte, die Bedeutung dieser Alternative für den gegenwärtigen Menschen aufzuzeigen. So entstanden Buchteile zu Meister Eckhart und zu Karl Marx sowie Manuskripte, die die Relevanz der Alternative „Haben oder Sein" für den Menschen in der heutigen Gesellschaft beinhalteten.*

Angesichts der Fülle des erarbeiteten Materials schrieb Fromm am 24. Dezember 1974 in einem Brief: „Ich habe mich entschieden, das Manuskript in zwei Bände zu fassen, einen, der leichter zu verstehen ist, und in einen schwierigeren und eher theoretischen, in dem es um die Rolle der Religion und ihre Entwicklung und um den Marxschen Sozialismus als säkulares und doch spirituelles Phänomen geht. Die Erörterung der Beziehung zwischen Eckhart und Marx wird dem zweiten Band vorbehalten bleiben und im ersten nur kurz berührt werden." – Tatsächlich hat Fromm selbst nur den ersten Band veröffentlicht und ihm den Titel Haben oder Sein

(1976 a) gegeben. Der Hauptteil der Manuskripte zum damals projektierten zweiten Band wird nachfolgend erstmals veröffentlicht. Aus diesen Manuskripten hatte Fromm nur einige Passagen aus der Deutung der „Armutspredigt" und ein paar Absätze zur Alternative „Haben oder Sein bei Karl Marx" in den Band Haben oder Sein *übernommen. Obwohl diese wenigen Abschnitte aus dem ursprünglichen Manuskript zum 2. Buch bereits in* Haben oder Sein *veröffentlicht wurden, werden sie hier der Vollständigkeit halber mitveröffentlicht.*

Mit der nachfolgenden Veröffentlichung des Manuskripts „Haben oder Sein bei Meister Eckhart und Karl Marx" sind nun alle im Zusammenhang mit Haben oder Sein *entstandenen Manuskripte publiziert. Die anderen, erst posthum veröffentlichten Manuskripte zur Thematik „Haben oder Sein" sind Band 1 der Nachlaßschriften* Vom Haben zum Sein *(E. Fromm, 1989 a) und der im 6. Nachlaßband (E. Fromm, 1991 b) zugänglich gemachte Beitrag „Ist der Mensch von Natur aus faul?" (E. Fromm, 1991 h).*

Das Verständnis von Haben oder Sein als den beiden Existenzweisen läßt sich vertiefen, wenn wir die Ansichten skizzieren, die Meister Eckhart und Karl Marx hierzu entwickelten. Sie sind zwar nicht die einzigen, die sich damit befaßt haben, doch es gibt nur ganz wenige, die sich mit einer solchen Klarheit, Tiefe und Schönheit zu diesem Thema äußerten.

Viele Leser werden überrascht sein, diese beiden Denker in einem Atemzug genannt zu finden. Liegen nicht Welten zwischen dem mittelalterlichen katholischen Mystiker und dem „atheistischen Materialisten" des 19. Jahrhunderts? Von den üblichen Etikettierungen her ist der Unterschied ganz gewiß unüberbrückbar – und nicht nur das. Ein konservativer katholischer Theologe und ein sowjetischer Interpret von Marx sehen in den Etikettierungen tatsächlich das Wesentliche der beiden ausgedrückt.

Bei einem Verständnis von Eckhart und Marx jedoch, das in die Tiefe geht, zum Kern ihres jeweiligen Denkens vorstößt und den zeitbedingten Charakter ihrer Vorstellungen und Terminologie berücksichtigt, erscheinen die Unterschiede weitaus geringer als die Gemeinsamkeiten. Beide waren radikal anti-autoritär und traten für des Menschen Unabhängigkeit ein und für den tätigen Gebrauch seiner ihm wesenseigenen Kräfte; beide sprachen sich für das Leben und gegen das Tote, für das Sein und gegen das Haben aus. Beiden galt die Vernunft als die höchste Fähigkeit des Menschen.

Betrachtet man ihre scheinbar diametral entgegengesetzten religiösen Ansichten, so war Eckhart ein (wenn auch nicht ganz offener) Atheist, während Marx' Sozialismus der säkulare Ausdruck eines prophetischen Messianismus war. Den implizit religiösen Charakter der Schriften von Marx hat unter den sozialistischen Autoren vor allem Ernst Bloch erkannt. Auch ich vertrete die gleiche Ansicht [vgl. E. Fromm, 1961b, GA V, S. 377–383, sowie E. Fromm, 1972b].

Unter den nicht-sozialistischen Autoren sind Karl Löwith und eine Reihe vor allem katholischer Autoren zu nennen, die die Schriften von Marx weit besser als die meisten „Marxisten" verstanden haben. Hier ist Jean Yves Calvez besonders zu erwähnen. – Eckharts Ideen, dies sei hier eigens betont, wurden von Hegel und einigen Hegelianern sehr geschätzt. Als Franz von Baader Hegels Aufmerksamkeit auf Eckhart lenkte, sagte dieser, nach der Überlieferung von Baaders: „Da haben wir ja, was wir wollten!" (F. von Baader, *Sämtliche Werke,* Band 15, S. 159; zit. nach M. Nambara, 1960, S. 147.) Auch Hegels Schüler und jene Denker, die seinen Ideen nahestanden wie K. Rosenkranz, Johann Eduard Erdmann und Hans Lassen Martensen, schätzten Meister Eckhart in besonderer Weise.

1. Meister Eckhart

a) Zum Verständnis seines Werkes

Meister Eckhart (1260 bis 1327/29) ist der bedeutendste Vertreter der Deutschen Mystik und ihr tiefster und radikalster Denker. Am Leben aktiv teilnehmend war er einer der wichtigsten Ordensleute in Deutschland sowie ein theologischer Gelehrter. Die größte Wirkung ging von seinen Deutschen Predigten aus, und zwar nicht nur für die Menschen und für seine Schüler damals , sondern in zunehmendem Maße auch für jene Menschen heute, die nach einer authentischen Anleitung zu einer nicht-theistischen und doch „religiösen" Lebensphilosophie suchen.

Eckhart lebte in der Zeit des Übergangs vom Hohen zum Späten Mittelalter. Bis zum 14. Jahrhundert hatte die feudale Kultur mehr und mehr der Kultur der Städte und der Bürger Platz gemacht. Der vorherrschende „Realismus", der nur der Idee, die in einem Gegenstand enthalten ist, ein wahres Sein zuerkannte, verlor zugunsten des von Wilhelm von Ockham (1285–1347) erneuerten „Nominalismus" an Boden. Für diesen waren Allgemeinbegriffe reine *nomina*, Namen, denen kein wirkliches Sein des Gegenstandes entspricht. Wahres Sein lasse sich nur im *einzelnen* finden und nur mit Hilfe empirischer Beobachtung, nicht aber durch abstrakt-logische Spekulationen. Eckhart selbst war jedoch ein Anhänger des „Realismus". So konnte er, wie Fritz Mauthner (1920, Band 1, S. 343f.) aufzeigte, seinen Pantheismus auf den Begriff Gottes als der einen und allumfassenden Realität aufbauen.

Wie Josef Quint in seiner Einleitung zu *Deutsche Predigten und Traktate* von Meister Eckhart (J. Quint, 1969) verdeutlichte, entsprang die Deutsche Mystik des 14. Jahrhunderts der Tatsache, daß die im 14. Jahrhundert aufkommende neue Art zu denken eine Schwächung der religiösen Erfahrung zur Folge hatte. Ich möchte seine Behauptung dahingehend qualifizieren [und werde darauf im nächsten Abschnitt noch näher eingehen], daß die neue Art zu denken jene religiöse Erfahrung schwächte, die sich auf philosophischen Beweisen gründet. Das Denken schien kein geeigneter Weg mehr zu sein, zu Gott zu finden, nachdem es selbst zum Gegenstand einer kritischen Analyse geworden war. In einer solchen Situation war es fast unausweichlich, daß sich eine neue Art Religiosität bildete, die sich von den metaphysischen, philosophischen Spekulationen der Scholastik abhob und nach einem direkten, nicht intellektuell vermittelten Zugang zu Gott verlangte.

Gegen Ende des Mittelalters begann der Glaube an Gott als vitale Erfahrung zu schwinden, weil das kritische Denken die rationale Grundlage für den Glauben zu untergraben begann. Heute, 600 Jahre später, ist dieser Prozeß, der damals begann, fast an sein Ende gelangt. Entweder diente das Christentum nur noch dazu, das Heidentum des Götzendienstes von Rasse, Staat, Macht, Sieg, charismatischen Führern zu übertünchen, oder aber es wurde offen aufgegeben. Eckhart hatte diese Entwicklung vorausgesehen: „Der Mensch soll sich nicht genügen lassen an einem *gedachten* Gott; denn, wenn der Gedanke vergeht, so vergeht auch der Gott." (Meister Eckhart, *Reden der Unterweisung*, zit. nach J. Quint, 1969, S. 60.) Erstmals wird hier andeutungsweise das Motiv einer gottlosen, nicht-theistischen Religiosität vernehmbar, das dann bei Spinoza deutlicher wird und schließlich im radikalen Humanismus von Marx seine ganze Kraft entfaltet.

Eckhart war der bedeutendste Vertreter dieser neuen Art von „Nicht-Theologie". Er wird mit Recht ein Mystiker genannt, ist doch sein Ziel die *unio mystica*, die Vereinigung von Gott und Mensch, obwohl es – wie er in einer seiner kühnsten Äußerungen sagt – ein „Etwas in der Seele" des Menschen gibt, das mit Gott *identisch* ist und deshalb nicht vereinigt werden muß. Eckhart unterschied sich aber auch radikal von vielen anderen Mystikern. Denn er verabscheute jede Art von sentimentaler, süßer, erotischer Stimmung, deren man sich erfreut und in der man schwelgt. Die Mystik Eckharts besteht darauf, daß man Gott nicht auf Grund von Gedanken über ihn erkennen kann. Sie folgt der vor allem von Maimonides vertretenen „negativen Theologie", die die theologischen Spekulationen aus der religiösen Erfahrung verbannt, denn die religiöse Erfahrung ist „still" und „gedanken-los".

Eckhart, der „Anti-Intellektuelle", besaß einen brillanten und stählernen Intellekt, einen kompromißlosen Glauben an die Vernunft. Er war mit einer außerordentlich kreativen Sprachfähigkeit begabt, seine Ideen und ihr Ausdruck waren von solcher Kühnheit, daß man kaum zu atmen wagt, wenn er über Vorstellungen spricht, bei denen er seinen Zuhörern sagt, daß sie ihn vielleicht nicht verstehen werden.

Eckhart sprach auf verschiedenen Ebenen. Gewöhnlich stimmen seine Ansichten mit dem traditionellen scholastischen Denken überein. Auf einer zweiten Ebene bewegte er sich zwar immer noch innerhalb der Tradition, selbst wenn er anderer Auffassung war als Thomas von Aquin. Auf dieser Ebene äußerte er sich aber im Sinne der „negativen Theologie", die erstmals von dem griechischen und jüdischen Philosophen Philon von Alexandria [geb. 13 vor Chr.] formuliert und dann vor allem bei Moses Maimonides [1135–1204] entfaltet wurde.

Die negative Theologie geht davon aus, daß es grundsätzlich unmöglich ist, über Gottes Eigenschaften positive Aussagen zu machen; man könne deshalb zum Beispiel nicht behaupten, Gott sei weise oder gut. Man kann nur negativ sagen, was Gott *nicht* ist. Je größer die Kenntnis darüber, was Gott nicht ist, desto größer ist die eigene Gotteserkenntnis. Das biblische Verbot, Gott einen Namen zu geben außer der paradoxen Kennzeichnung „Ich bin der ‚Ich bin da'" (Ex 3,14), das eigentlich „Mein Name ist ‚Namenlos'" bedeutet (vgl. E. Fromm, 1966a, GA VI, S. 101), enthält bereits den Kern einer negativen Theologie.

Die negative Theologie leugnet keineswegs die Existenz Gottes; sie stellt nur in Abrede, daß der Mensch wissen könnte, *wer* Gott ist, nicht *daß* es Gott gibt. Wie bereits Thomas von Aquin zu Recht sah, stellt die negative Theologie für die Trinitätslehre zweifellos eine Gefahr dar. Eckhart aber zitiert keinen Autor so häufig wie Moses Maimonides und macht auch keine Einwendungen gegen ihn (vgl. E. Bloch, 1968). Andererseits stellte Eckhart, außer wenn er auf der nicht-theistischen Ebene spricht, den dreifaltigen Gott auch nicht in Frage. Spricht Eckhart aber auf der dritten Ebene, dann leugnet er implizit den christlichen Gott. Derartige Äußerungen sind selten. Meist geschieht es in der Form, daß er die Bedeutung des trinitarischen Gottes der Schöpfung schmälert zugunsten dessen, was er die „Gottheit" nennt.

Auf Grund der Widersprüchlichkeit in den explizit theologischen Äußerungen verläuft die Interpretation von Eckhart sehr kontrovers. In der Geschichte der Eckhart-Deutung stehen sich zwei Lager gegenüber. Die eine Schule glaubt, Eckhart drücke die Vorstellung „Gott ist Nichts", die andere glaubt, er drücke die Vorstellung „Gott ist Sein" aus. Die erstgenannte Schule stellt Eckhart außerhalb des Christentums und wurde zuerst von Schopenhauer in *Die Welt als Wille und Vorstellung* formuliert: „Buddha spricht: ‚Meine Schüler verwerfen den Gedanken dies bin Ich, oder dies ist Mein.' Überhaupt, wenn man von den Formen, welche die äußeren Umstände herbeiführen, absieht und den Sachen auf den Grund geht, wird man finden, daß Schakia Muni und Meister Eckhard dasselbe lehren; nur daß Jener seine Gedanken geradezu aussprechen durfte, Dieser hingegen genöthigt ist, sie in das Gewand des Christlichen Mythos zu kleiden und diesem seine Ausdrücke anzupassen." (A. Schopenhauer, 1911, Band 2, S. 703, zit. nach M. Nambara, 1960, S. 146.)

Auch andere Eckhart-Interpreten wie A. Lasson, M. Grabmann und D. T. Suzuki stehen auf der Seite der „Gott ist Nichts"-Interpretation. Suzuki hat besonders eindrucksvoll die Identität der Ansichten Eckharts mit buddhistischen bestätigt (vgl. D. T. Suzuki, 1957). Zwei andere japanische Forscher, Minoru Nambara (1960), auf dessen hilfreiches Werk ich mich hier trotz seiner ambivalenten Eckhart-Interpretation stütze, und Shizuteru Ueda (1965), haben die „Gott ist Nichts"-Aspekte im Werk von Eckhart erforscht und damit die inneren Verbindungen zum Buddhismus weiter erhellt. Schließlich ist Gunther Stephensons Untersuchung eine große Hilfe für das Verständnis des Begriffs der Gottheit bei Eckhart (G. Stephenson, 1954).

In den letzten Jahrzehnten wurde Eckhart dennoch meistens als christlicher Theologe im Sinne von „Gott ist Sein" interpretiert und wurden Aussagen von Eckhart, die das Gegenteil andeuten, als entweder rein allegorisch entwertet, oder man deutete sie im Lichte seiner orthodoxen christlich-theologischen Ansichten. Zumeist bedienten sich diese Interpreten eines scheinbar zwingenden Arguments: Die nicht-theistischen Äußerungen seien im Vergleich mit den orthodoxen nicht nur selten, sie befänden sich zudem gerade nicht in jenen Schriften, deren Authentizität von Josef Quint [dem Herausgeber der kritischen Eckhart-Ausgabe] nicht bewiesen sei. Und doch ist dieses Argument bei näherem Hinsehen gar nicht so zwingend, wie es auf den ersten Blick scheint.

Erstens räumt Quint ein, daß die Hereinnahme verschiedener Teile der Schriften von Eckhart in die *Deutschen Werke* vorläufig sei „und entscheidet nichts über die Echtheit, bzw. Unechtheit nicht aufgenommener sonstiger Predigt- und Traktat-Texte der Ausgabe Pfeiffers oder anderer Veröffentlichungen. Fraglos befinden sich unter diesen Stükken weitere echte Eckehart-Texte." (J. Quint, 1969, S. 537.) Zweitens kann man einmal von der Person und dem Autor Eckhart sprechen, dann aber ist Eckhart auch eine Kollektivbezeichnung für seine Schriften und seine Schule. In Wirklichkeit macht es keinen so großen Unterschied, wenn der kühnste Ausdruck der Theologie des Nichts erst bei seinen unmittelbaren Schülern entwickelt wurde. Der einzige Unterschied wäre nur, daß man dann nicht von Widersprüchen bei Eckhart selbst sprechen könnte, die sich mit Hilfe einer Tiefenanalyse auflösen lassen.

Es gibt aber auch gar keine Notwendigkeit, sich mit dieser Auffassung der Eckhart-Interpretation noch weiter auseinanderzusetzen. Wir finden nämlich selbst in den Schriften, deren Authentizität unzweifelhaft ist, seine radikalsten Ansichten eindeutig ausgedrückt. Und jene, die diesen radikalen Eckhart verleugnen und ihre Position mit dem Argument von den echten Eckhart-Schriften stützen, drükken sich schlicht und einfach darum, diese authentischen Äußerungen in Betracht zu ziehen.

Eckhart gelangt, wie ich noch ausführen werde, mit Hilfe des Begriffs „Gottheit" zu einer nicht-theistischen Sicht. Die Gottheit ist „unberührt" vom Menschen, seinen Ideen, seinem Vorstellungsvermögen und seinen Begriffen. In einer (noch) nicht als authentisch ausgewiesenen Äußerung spricht Eckhart, auf den Vers Jo 1,9 („Gott ist das wahre Licht, das in der Finsternis leuchtet") bezugnehmend, von drei Arten von Finsternis: „Die dritte Finsternis ist die allerbeste und meinet, daß kein Licht ist. Ein Meister spricht: ‚Der Himmel hat kein Licht, er ist zu hoch dazu, er leuchtet nicht, es ist in ihm weder kalt noch warm'." (F. Pfeiffer, 1924, 317, Zeile 3f.; hier zit. nach S. Ueda, 1965, S. 118.) Ist die eben zitierte Stelle zwar noch nicht als authentisch gesichert, so ist es dafür die folgende: „Was ist das letzte Endziel? Es ist das verborgene Dunkel der ewigen Gottheit und ist unerkannt und ward nie erkannt und wird nie erkannt werden. Gott bleibt dort in sich selbst unerkannt, und das Licht des ewigen Vaters hat da ewiglich hineingeschienen, aber die Finsternis begreift das Licht nicht (Jo 1,5)." (Predigt *Ave, gratia plena*, J. Quint, 1969, S. 261.)

In der Armutspredigt *(Beati pauperes spiritu)* sagt Eckhart: „Mein wesentliches Sein ist oberhalb von Gott, sofern wir [den trinitarischen, E. F.] Gott als den Beginn der Kreaturen fassen. In jenem Sein Gottes nämlich, wo Gott über allem Sein und über aller Unterschiedenheit ist, dort war ich selber, da wollte ich mich selber und erkannte mich selber (willens), diesen Menschen (= mich) zu schaffen. Und darum bin ich Ursache meiner selbst meinem *Sein* nach, das *ewig* ist, nicht aber meinem *Werden* nach, das zeitlich ist. Und darum bin ich ungeboren, und nach der Weise meiner Ungeborenheit kann ich niemals sterben. Nach der Weise meiner Ungeborenheit bin ich ewig gewesen und bin ich jetzt und werde ich ewiglich bleiben. ... In meiner (ewigen) Geburt wurden alle Dinge geboren, und ich war Ursache meiner selbst und aller Dinge; und hätte ich gewollt, so wäre weder ich noch wären alle Dinge; wäre aber ich nicht, so wäre auch [der trinitarische, E. F.] ‚Gott' nicht: daß Gott ‚Gott' ist, dafür bin ich die Ursache; wäre ich nicht, so wäre Gott nicht ‚Gott'. Dies zu wissen ist nicht not.

Ein großer Meister sagt, daß sein Durchbrechen edler sei als sein Ausfließen, und das ist wahr. Als ich aus Gott floß, da sprachen alle Dinge: ‚Gott ist.' Dies aber kann mich nicht selig machen, denn hierbei erkenne ich mich als Kreatur. In dem Durchbrechen aber, wo ich ledig stehe meines eigenen Willens und des Willens Gottes und aller seiner Werke und Gottes selber, da bin ich über allen Kreaturen und bin weder ‚Gott' noch Kreatur, bin vielmehr, was ich war und was ich bleiben werde jetzt und immerfort. Da empfange ich einen

Aufschwung, der mich bringen soll über alle Engel. In diesem Aufschwung empfange ich so großen Reichtum, daß Gott mir nicht genug sein kann mit allem dem, was er als ‚Gott' [der Bibel, E. F.] ist, und mit allen seinen göttlichen Werken; denn mir wird in diesem Durchbrechen zuteil, daß ich und Gott eins sind. ...

Wer diese Rede nicht versteht, der bekümmere sein Herz nicht damit. Denn solange der Mensch dieser Wahrheit nicht gleicht, solange wird er diese Rede nicht verstehen. Denn es ist eine unverhüllt Wahrheit, die da gekommen ist aus dem Herzen Gottes unmittelbar. Daß wir so leben mögen, daß wir es ewig erfahren, dazu helfe uns Gott. Amen." (zit. nach J. Quint, 1969, S. 308.)

Sprechen die vorstehende Predigt und auch die Predigt *Modicum et iam non videbitis me* (J. Quint, 1969, S. 343–348) noch nicht direkt vom Nichts, so beweisen die folgenden, als authentisch ausgewiesenen Sätze, daß Eckhart selbst, und nicht nur seine Schule, die Vorstellung von Gott als einem Nichts ausgedrückt hat: „Und wenn Gott weder Güte noch Wahrheit noch das Eine ist, was ist er dann? *Er ist das Nichts des Nichts, er ist weder dies noch das.*" (Predigt *Jesus hieß seine Jünger aufsteigen*, zit. nach S. Ueda, 1965, S. 118; Hervorhebung E. F.)

Eckhart hat die Existenz des trinitarischen Gottes nie ausdrücklich geleugnet. Doch er reduziert seine Bedeutung, indem er darauf hinweist, daß „Gott" und die Gottheit so weit auseinander sind wie Himmel und Erde. Die Gottheit ist absolute und „mysteriöse" Finsternis, sich selbst unbekannt; sie ist völlig untätig, in sich ruhend, das Nichts. Sie ist identisch mit dem Seelengrund des Menschen; auch dieser ist ein absolutes Nichts.

Die Sicht Eckharts ist nicht mehr christlich, auch nicht theistisch, sie ist Eckharts „geheime" Sehweise, die ihm nur einige Male während seiner Predigten zu Bewußtsein kam, und zwar immer dann, wenn er wie in einem Trance-Zustand sprach. Nur wenn man mit Eckharts Schriften wie mit einem in sich geschlossenen System ohne immanente Widersprüche umgeht, kann man zu dem Schluß kommen, daß Eckharts nicht-theistische Äußerungen vernachlässigt werden können. Versteht man seine Schriften jedoch als Äußerungen eines kreativen Menschen, der voller Widersprüche ist und bei seltenen Gelegenheiten seine gewöhnlich „verdrängten" Gedanken ausdrückt, kann man seine Rolle als einen der frühesten Vertreter einer nicht-theistischen „Religiosität" verstehen. Auf der Ebene des Nicht-Theismus teilt Eckhart mit dem Buddhismus und – wie zu zeigen sein wird – mit Marx die Position eines radikalen metaphysischen Skeptizismus.

Metaphysisch gesprochen ist für Eckhart die letzte Realität der Tod, das Nichts. Dem Leben kann von keinem Absoluten, nicht einmal vom christlichen Gott, eine Bedeutung gegeben werden. Die Antwort auf diese objektiv gegebene Bedeutungslosigkeit des Lebens ist menschliche Tätigkeit in der Sorge um das Wohl-Sein aller Mitgeschöpfe. Shizuteru Ueda faßt dies treffend zusammen: „Die Radikalität und Eigentümlichkeit der Lehre Eckharts von *vita activa* und *vita contemplativa* liegt darin, daß sie für ihn nicht Wege zu Gott hin, sondern Wege von Gott weg sind; der Weg zu Gott ist für ihn, wie wir sahen, nicht *vita*, sondern einzig der Tod (‚grunttot'), die Abgeschiedenheit. ... Die *vita activa* bei Eckhart bedeutet die *vita* ‚von Gott weg zur Weltwirklichkeit' in eins mit ‚durch Gott hindurch zur Gottheit'. Das Wirken in diesem Sinne geschieht ohne Gott; ein Werk, wie das, eine Suppe für einen Kranken zu besorgen, ist nichts anderes als dieses Werk selbst, es ist ohne auffallende Göttlichkeit und ohne irgendeine beigefügte religiöse Bedeutung." (S. Ueda, 1965, S. 139.)

b) Haben oder Sein nach Eckhart

Um Eckharts Vorstellungen vom Haben und Sein zu verstehen, muß man sich bewußt sein, daß Eckhart von der zugrundeliegenden Motivation handelt, sei diese bewußt oder unbewußt, und nicht vom äußeren Verhalten. Josef Quint nennt ihn in der Einleitung zu den Deutschen Predigten mit Recht einen „genialen Seelenanalytiker": „Eckhart wird nicht müde, die geheimsten Bindungen des menschlichen Tuns und Lassens, die verstecktesten Regungen der Ichsucht, der Absichtlichkeit und ‚Meinung' aufzudecken, das verzückte Schielen nach Dank und Gegengabe zu brandmarken." (J. Quint, 1969, S. 29.) Diese Einsicht in die verborgenen Motive ist es, die Eckhart beim Leser nach Freud so viel Anklang findet läßt. Eckhart überwand bereits die für die Zeit vor Freud und noch heute so geläufige Naivität behavioristischer Anschauungen, nach der beide, das Verhalten und die Meinungsäußerung, letzte Daten sind, hinter die man nicht zurückgehen könne, vergleichbar der Ansicht, die man zu Beginn dieses Jahrhunderts noch von der Unteilbarkeit des Atoms hatte.

Von Eckhart gibt es zahlreiche Äußerungen, die seine Einsicht in die verborgenen Motivationen ausdrücken. Die folgende ist charakteristisch: „Die Leute brauchten nicht so viel nachzudenken, was sie *tun* sollten; sie sollten vielmehr bedenken, was sie *wären*... Erkenne hieraus, daß man allen Fleiß darauf verwenden soll, gut zu *sein*, – nicht aber so sehr darauf, was man tue oder welcher Art die Werke seien, sondern wie der Grund der Werke sei." (*Reden der Unterweisung*, zit. nach J. Quint, 1969, S. 57.)

Das Sein eines Menschen ist die Wirklichkeit, der „Geist, der ihn bewegt", der Charakter, der sein Verhalten antreibt. Im Gegensatz hierzu haben Taten und Meinungsäußerungen, die vom dynamischen Kern dieses Menschen losgelöst sind, keine Realität.

Eckhart hat eine außerordentliche Fähigkeit, den unbewußten Egoismus hinter dem Verhalten, der bewußt als das gerade Gegenteil wahrgenommen wird, aufzudecken. Er zeigt, wie hinter den guten Werken, den Gebeten, dem Fasten eine große Besitzgier verborgen ist: „Du erniedrigst den unendlichen Gott zur melken Kuh, die man um der Milch und des Käses, um des eigenen Profits willen schätzt." (J. Quint, 1969, S. 29.) Oder: „Diese machen aus Gott eine Ziege, füttern ihn mit Wort-Blättern. Ebenso machen sie aus Gott einen Schauspieler, geben ihm ihre alten und schlechten Kleider." (*Expositio Libri Sapientiae*, Nr. 61, zit. nach J. Quint, a.a.O.) Wenn es ihnen gutgeht, dann loben sie Gott und können ihm vertrauen, „wie denn etliche sagen: ‚Ich habe zehn Malter Korn und ebenso viel Wein in diesem Jahre, ich vertraue fest auf Gott!' Ganz recht, sage ich, du hast volles Vertrauen – zu dem Korn und dem Wein!" (*Predigt 48*, zit. nach J. Quint, 1969, S. 380.) „Du marktest mit deinem Gott, gibst und wirkst, auf daß er dir das Tausendfache wiedergebe; dies Geben ist eher ein Heischen zu nennen." (F. Pfeiffer, 1924, S. 289, zit. nach J. Quint, 1969, S. 29.)

Nichts zu haben, bedeutet, sich selbst „leer" zu machen, sich von allen ich-bezogenen Strebungen zu befreien, die eigene Selbst-Zentriertheit zu überwinden. Josef Quint (1969, S. 40) beschreibt Eckharts Denken völlig zutreffend mit folgenden Worten: „Die Werke des Gerechten sind immer *lebendig*, weil ihr Rang allein durch die große adlige Gesinnung bestimmt ist und ihr Impuls nicht aus der toten Schicht des ichgebundenen zeitlichen Konrad oder Heinrich, sondern aus dem lebendigen innersten ewigen Kern des gottgeeinten wesentlichen Menschen stammt."

Ich zitiere Quints Aussage insbesondere deshalb, weil er ein Element in Eckharts Denken betont, das im Zusammenhang unseres Themas von besonderer Bedeutung ist: Er stellt das Totsein der ichgebundenen Besitzorientierung dem Lebendigsein des nicht-besitzorientierten Kerns im Menschen gegenüber.

Auch Eckharts radikales Gottesbild läßt sich nur im Zusammenhang mit seiner Kritik an der „Besitzstruktur des Daseins“ verstehen. „Nein, der Tempel [das heißt: der Mensch] muß ledig und frei sein, wie das Auge frei und leer sein muß, von allen Farben, soll es Farbe sehen. Alle jene Bilder und Vorstellungen aber sind der Balken in deinem Auge. Drum wirf sie hinaus, alle Heiligen und Unsere Frau aus deiner Seele, denn sie alle sind Kreaturen und hindern dich an deinem großen Gott.“ (J. Quint, 1969, S. 30; vgl. F. Pfeiffer, 1924, S. 241.)

Mit der Unterscheidung zwischen Gott und Gottheit wird es Eckhart möglich, Aussagen zu machen, die nicht notwendigerweise so drastisch ausfallen, wie wenn er nur einen Gottesbegriff hätte. Dennoch sind seine Aussagen kühn genug und trugen sehr zum Vorwurf der angeblichen Häresie bei. Unter „Gott“ versteht Eckhart den überbrachten Gott der Bibel, der die Welt erschaffen hat und in ihr wirkt. Die „Gottheit“ erschuf die Welt nicht und ist völlig untätig. Sie ist die „stille Wüste“, der Unbewegte und der Nicht-Bewegende – das Nichts [*no-thing* bei Fromm, „Nichtheit“ bei Eckhart]. Er spricht von „Gott“, wenn er die „Gottheit“ bittet, „daß er mich Gottes quitt mache“ (*Beati pauperes spiritu*, zit. nach J. Quint, 1969, S. 308).

Quint (a. a. O., S. 30) faßt die Auffassung Eckharts mit dessen Worte zusammen: „Selbst deines gedachten Gottes sollst du quitt werden, aller deiner doch so unzulänglichen Gedanken und Vorstellungen über ihn wie: Gott ist gut, ist weise, ist gerecht, ist unendlich; Gott ist nicht gut, ich bin besser als Gott; Gott ist nicht weise, ich bin weiser als er, und Gott ein Sein zu nennen, ist so unsinnig, wie wenn ich die Sonne bleich oder schwarz nennen wollte... Hätte ich auch einen Gott, den ich zu begreifen vermöchte, so wollte ich ihn niemals als meinen Gott erkennen. Darum schweig' und klaffe nicht über ihn, behänge ihn nicht mit den Kleidern der Attribute und Eigenschaften, sondern nimm ihn ‚ohne Eigenschaft', als er ‚ein überseiendes Sein und eine überseiende Nichtheit' ist in seinem ‚Kleidhaus', in der stillen ‚Wüste' seiner Gottheit namenlos."

Eckhart steht ganz in der Tradition der negativen Theologie des Moses Maimonides, doch führt er diese zur letzten Konsequenz, ohne sich darum zu kümmern, wohin dies führt oder ob seine Gedanken mißverstanden werden. Er trifft keine dogmatischen, endgültigen, ausgewogenen Aussagen. Vielmehr ruft er leidenschaftlich: Solange du dich noch an irgend etwas festhältst, selbst an Gott, wirst du niemals frei sein und auch niemals Gott in dir erleben können.

Eckhart brandmarkt die [am Haben orientierte] Eigentumsstruktur der Existenz als jenes Übel, das der Freiheit des Menschen, seiner Lebendigkeit und seiner Selbstfindung im Wege steht. Doch würde man ihn völlig mißverstehen, wenn man glaubte, sein Ideal sei ein passives oder gar ein völlig kontemplatives Leben (vgl. D. Mieth, 1969). Bereits ein kurzer Blick auf Eckharts Leben zeigt, daß dies nicht so war. Er stand dem Dominikanerorden in Sachsen vor, war Generalvikar der böhmischen Dominikaner, Dozent der Pariser Universität; er stand dem Konvent der Dominikaner in Straßburg vor und man berief ihn schließlich auf den Lehrstuhl am Studium generale in Köln, den vor ihm Albertus Magnus innehatte. Eckhart war ein Mann der Tat und ein Menschenführer. Wie hätte er da vollkommene Isolation und Untätigkeit predigen können? Ganz sicher tat er dies nicht.

Für Eckhart bedeutete der Verzicht auf das Haben, Sich-Anklammern, Sich-Sehnen, das Aufgeben der Existenzweise des Habens, die innere „Enteignung", wie D. Mieth (1972, S. 16) formuliert, die Voraussetzung für die höchste

Form von Aktivität zu schaffen, und zwar nicht von trivialer, sondern von wesentlicher Tätigkeit. Produktive, „wesentliche" Aktivität gibt es nur unter der Voraussetzung von Freiheit. Frei aber sind wir nur, wenn wir uns nicht an das klammern, was wir haben, auch nicht an unser Ich. Eckhart spricht von etwas, allerdings in allgemeinerer und radikalerer Weise, das vielen Menschen bekannt ist: zu geben und festzuhalten schließen sich aus; lieben kann nur, wer sein Ego fallen lassen kann; wer völlig mit sich selber beschäftigt ist, kann nicht lieben; selbst der Vollzug der Sexualität erfordert Konzentration.

Nach den Lehren Eckharts besteht das Problem *nicht darin, daß ich nichts haben soll, sondern daß ich nicht egozentrisch an das, was ich habe, gebunden bin*. Dies ist der entscheidende Punkt in Eckharts Lehren über die Armut und das Nicht-Haben. Das überbrachte Denken sieht die Alternative zwischen dem Viel-Haben (dem Luxus) und dem Nicht-Haben (der asketischen Armut). Eckhart überwindet diese Alternative und zeigt ihren illusionären Charakter auf: Der im Luxus schwelgende Mensch und der Asket, der auf jedes und alles verzichtet – beide orientieren sich an der egozentrischen Existenzweise des Habens. Der Reiche bejaht die Habenorientierung, der Asket negiert sie. Der eigentliche Gegensatz aber ist der zwischen dem ichgebundenen Menschen, dessen Leben vom Prinzip des Habens strukturiert ist, und dem freien Menschen, der seinen Egozentrismus überwunden hat und der „ißt, wenn er zu essen wünscht, und schläft, wenn er schlafen will". (Die Rede vom freien Essen und Schlafen findet sich nicht nur bei Eckhart, sondern fast gleichlautend im Zen-Buddhismus wieder als Aussage über den Erleuchteten.)

Dem freien Menschen ist all das, was er hat, ein Mittel zu größerer Lebendigkeit; ihm kommt es nicht darauf an, ob er mehr oder weniger hat, weil er er selbst ist. Jeder Mensch ist zur gleichen Erfahrung fähig. Gelingt es mir, einen Geisteszustand zu erreichen, bei dem ich mit nichts mehr befaßt bin, mich an nichts mehr festhalte, sondern ganz ruhig werde und konzentriert bin, dann erlebe ich eine ungewöhnliche Stärke und Vitalität, sobald ich mich dem zuwende, wonach es mir zumute ist. Aus dieser Stille heraus erwerbe ich mir die Energie für das Tun, allerdings nur für wesentliches Tun, das heißt für ein Tun, das meinem Wesen als Mensch korrespondiert. Muß ein Mensch erst von irrationalen Leidenschaften motiviert werden, dann bedarf es irrationaler Stimuli von außerhalb. Dieser Vorgang läßt sich auf vielerlei Weisen ausdrücken: „Nur wenn ich mich selbst verliere, kann ich mich gewinnen"; „wenn ich nicht habe, bin ich alles"; „die größte Armut ist der größte Reichtum". (Die gleiche Unterscheidung gibt es auch in den buddhistischen Lehren. Buddha wandte sich gegen die Askese. Er lehrte, daß das gierige Verlangen Leiden verursacht. Doch daneben gibt es auch ein befreites, nicht-gieriges Haben, dessen man sich erfreuen kann, ohne Leiden zu verursachen. – Letzteres Prinzip wurde vom Mahajana Buddhismus stärker betont als vom Hinajana Buddhismus.)

c) Haben oder Sein in der „Armutspredigt"

Die klassische Quelle für Eckharts Ansichten über die Existenzweise des Habens ist seine Predigt über die Armut, die vom Text des Matthäus-Evangeliums (5,3) ausgeht. „Selig sind die geistlich Armen; denn ihrer ist das Reich der Himmel." Eckhart erörtert in dieser Predigt die Frage, was geistige Armut sei. Er erklärt zu Beginn, daß er nicht von *äußerer*, das heißt materieller Armut spreche, obwohl diese gut und lobenswert sei. Er möchte auf die *innere* Armut eingehen, auf jene Armut, von der im Evangelium die Rede ist. Innere Armut definiert er so: „Das ist ein armer Mensch, der nichts *will* und nichts *weiß* und nichts *hat*." (J. Quint, 1969, S. 303.)

Wer ist dieser Mensch, der nichts *will*? Üblicherweise würden wir dies auf einen Menschen beziehen, der ein asketisches Leben gewählt hat. Aber das meint Eckhart nicht. Er schilt diejenigen, die Bedürfnislosigkeit als Bußübung und äußerlich religiöse Übung begreifen. Von Leuten mit dieser Überzeugung meint er, daß sie an ihrem selbstsüchtigen Ich festhalten. „Diese Menschen heißen heilig auf Grund des äußeren Anscheins; aber von innen sind sie Esel, denn sie erfassen nicht den eigentlichen Sinn göttlicher Wahrheit." (A.a.O., S. 304.)...

Wenn Eckhart davon spricht, daß man keinen Willen haben soll, so meint er damit nicht, daß man schwach sein sollte. Er redet von jener Art von Willen, der identisch ist mit der Begierde, von der man *getrieben* wird – die also recht betrachtet *kein* Wille ist. Eckhart geht so weit, zu fordern, daß man nicht einmal wünschen sollte, Gottes Willen zu tun – da auch das eine Begierde sei. *Der Mensch, der nichts will, ist der Mensch, der keine Begierde nach irgend etwas hat:* dies ist die Quintessenz des Eckhartschen Begriffs der „Abgeschiedenheit".

Wer ist der Mensch, der nichts *weiß*? Erhebt Eckhart einen dummen, unwissenden Menschen, eine ungebildete, unkultivierte Kreatur zum Ideal? Wie hätte er das gekonnt, da er selbst ein Mann großer Bildung und großen Wissens war, was er nie zu verbergen oder herabzuspielen suchte, und da sein Hauptanliegen darin bestand, die Ungebildeten zu bilden?

Was Eckhart meint, wenn er davon spricht, daß man *nichts wissen solle,* hat zu tun mit dem Unterschied zwischen dem Wissen in der Weise des Habens und dem *Akt der Erkenntnis,* das heißt dem Vordringen zu den Wurzeln und damit zur Ursache einer Sache. Eckhart unterscheidet sehr klar zwischen einem bestimmten Gedanken und dem *Denkprozeß.* Er betont, es sei besser, Gott zu erkennen, als ihn zu lieben: „Die Liebe weckt das Begehren, das Verlangen. Das Erkennen hingegen legt keinen einzigen Gedanken hinzu, vielmehr löst es ab und trennt sich ab und läuft vor und berührt Gott, wie er nackt ist, und erfaßt ihn einzig in seinem Sein" (A.a.O., S. 238).

Aber auf einer anderen Ebene (und Eckhart spricht durchgehend auf mehreren Ebenen) geht Eckhart noch viel weiter. Er schreibt: „Zum anderen Male ist das ein armer Mensch, der nichts *weiß*. Wir haben gelegentlich gesagt, daß der Mensch so leben sollte, daß er weder sich selber noch der Wahrheit noch Gott lebte. Jetzt aber sagen wir's anders und wollen weitergehend sagen: Der Mensch, der diese Armut haben soll, der muß so leben, daß er nicht (einmal) weiß, daß er weder sich selber noch der Wahrheit noch Gott lebe; er muß vielmehr so ledig sein alles Wissens, daß er nicht wisse noch erkenne noch empfinde, daß Gott in ihm lebt; mehr noch: er soll ledig sein alles Erkennens, das in ihm lebt. Denn, als der Mensch (noch) im ewigen Wesen Gottes stand, da lebte in ihm nicht ein anderes; vielmehr, was da lebte, das war er selber. So denn sagen wir, daß der Mensch so ledig sein soll seines eigenen Wissens, wie er's tat, als er (noch) nicht war, und er lasse Gott wirken, was er wolle, und der Mensch stehe ledig." (J. Quint, 1969, a.a.O., S. 305).

Um Eckharts Standpunkt verstehen zu können, muß man sich über den eigentlichen Sinn dieser Worte klarwerden. Wenn er sagt, daß „der Mensch so ledig sein soll seines eigenen Wissens" (a. a. O.), so meint er damit nicht, man solle vergessen, *was* man weiß, sondern *daß* man weiß. Das bedeutet, daß man sein Wissen nicht als einen Besitz ansehen soll, der einem ein Gefühl der Sicherheit und Identität verleiht; man sollte von seinem Wissen nicht „erfüllt" sein, man sollte sich nicht daran festklammern, nicht danach begehren. Wissen sollte nicht die Eigenart eines Dogmas annehmen, das uns versklavt. All dies gehört der Existenzweise des Habens an.

In der Weise des Seins ist Wissen nichts anderes als der eindringende Denkvorgang als solcher – Denken, das nie den Wunsch verspürt, stillzustehen, um Gewißheit zu erlangen.

Eckhart fährt fort: „Die dritte Armut aber, von der ich nun reden will, die ist die äußerste Armut: es ist die, daß der Mensch nichts *hat*. Nun gebt hier genau acht! Ich habe es (schon) oft gesagt, und große Meister sagen es auch: Der Mensch solle aller Dinge und aller Werke, innerer wie äußerer, so ledig sein, daß er eine eigene Stätte Gottes sein könne, darin Gott zu wirken vermöge. Jetzt aber sagen wir anders. Ist es so, daß der Mensch ledig steht aller Kreaturen und Gottes und seiner selbst, steht es aber noch so mit ihm, daß Gott in ihm eine Stätte zum Wirken findet, so sagen wir: Solange es das noch in dem Menschen gibt, ist der Mensch (noch) nicht arm in der äußersten Armut. Denn Gott strebt für sein Wirken nicht danach, daß der Mensch eine Stätte in sich habe, darin Gott wirken könne; sondern *das* (nur) ist Armut im Geiste, wenn der Mensch *so* ledig Gottes und aller seiner Werke steht, daß Gott, dafern er in der Seele wirken wolle, *selbst* die Stätte sei, darin er wirken will –, und dies tut er (gewiß) gern. So denn sagen wir, daß der Mensch so arm dastehen müsse, daß er keine Stätte sei noch habe, darin Gott wirken könne. Wo der Mensch (noch) Stätte (in sich) behält, da behält er (noch) Unterschiedenheit. Darum bitte ich Gott, daß er mich ‚Gottes' quitt mache..." (A.a.O., S. 307f.)

Eckhart hätte seine Auffassung von der Negation der Orientierung am Haben nicht radikaler formulieren können. Zunächst sollen wir frei von eigenen Dingen und Handlungen sein. Das heißt nicht, daß wir weder etwas besitzen, noch daß wir nichts tun sollen; es bedeutet, daß wir an das, was wir besitzen und tun, nicht gebunden, gefesselt, gekettet sein sollen – nicht einmal an Gott. *Unabhängigkeit* ist für Eckhart eine notwendige Voraussetzung der Existenzweise des Seins. Dabei vertritt er eine sehr radikale Auffassung von Unabhängigkeit: „Was irgend etwas vom andern begehrt, das ist ‚Knecht', und was da lohnt, das ist ‚Herr'. Ich dachte neulich darüber nach, ob ich von Gott etwas begehren oder nehmen wollte. Ich will es mir sehr wohl überlegen, denn wenn ich von Gott (etwas) nehmen würde, so wäre ich unter Gott wie ein Knecht und er im Geben wie ein Herr. So aber soll es mit uns nicht sein im ewigen Leben." (*Iusti vivent in aeternum*, zit. nach J. Quint, 1969, S. 186.) Oder etwa bezüglich der Frage der Gleichheit der Menschen: „Ich sage: ‚Menschheit' ist im ärmsten und verachtetsten Menschen ebenso vollkommen wie im Papste oder im Kaiser..." (*Moyses orabat dominum deum suum*, zit. nach J. Quint, 1969, S. 339.)

Der folgende Text gibt Quints Zusammenfassung der Position Eckharts wieder (J. Quint, 1969, S. 34): „Wie aber steht dieser gottgeeinte Gerechte zum Leben? Scheint es doch, als tauge dieses leere Gefäß, das nichts will, nichts hat und nichts weiß in geistiger Armut, nur dazu, öde und tatenlos in die stille Wüste des Unendlichen zu starren. Doch nein, das ist es, was dieser Mystik Eckharts den unverkennbaren Stempel des abendländischen Weltgefühls aufprägt, den Stempel unendlicher Werde- und Tatenlust, daß für Eckhart die ewige Ruh' in Gott dem Herrn nicht anders denk- und vorstellbar ist denn als ewiges Drängen und Werden. Die stille Wüste des unendlichen göttlichen Vernunftseins ist für das vitale Denken Eckharts ein unendlich energiegefülltes Geschehen; ... sie ist für ihn vergleichbar einem unendlich feurig flüssigen Erzfluß, der kochend sich selbst beständig mit sich selbst durchdringt, bevor er ausfließt in das geschöpfliche Sein." – Wir sind hier bei Eckharts Auffassung von der *Negation des Habens* angekommen, für ihn *die Voraussetzung für die Befreiung „des wesentlichen Menschen ... zu wesentlichem Werk in einer zu ihrem wesentlichen Sein entbundenden Welt..., auf daß dieser Mensch ein tätig-nützlicher Diener der Gemeinschaft werde"* (a.a.O., S. 50).

2. Karl Marx

a) Das „religiöse" Anliegen von Marx

Für den, der Schwierigkeiten hat, Meister Eckharts Vorstellungen zu verstehen, weil er glaubt, daß sich entweder Eckharts impliziter Atheismus mit seiner Theologie nicht vereinbaren lasse oder weil ihm der Gebrauch des Wortes „Gott" zeigt, welch' Geistes Kind Eckhart ist und er ihn deshalb als „autoritär" und „reaktionär" zurückweist, der wird mit dem Verständnis der Vorstellungen von Karl Marx noch größere Schwierigkeiten haben. Der Sowjetkommunismus hat ganze Arbeit geleistet, um die Ideen von Marx zu entstellen und zu korrumpieren. Leider ist es ihm auch gelungen, den Westen davon zu überzeugen, daß der „sowjetische Marxismus" die wahre Interpretation von Marx sei. Darum ist es sehr schwer, von diesem entstellten Bild freizukommen.

Die Schwierigkeit, Marx zu verstehen, ergibt sich aus der Tatsache, daß sowohl der sowjetische Marxismus als auch die reformistischen westlichen Sozialisten das System von Marx in einer Weise vorstellen, als ob es diesem im Kern und ausschließlich nur um wirtschaftliche Fragen ginge. Sie haben den historischen (oder dialektischen) Materialismus – Begriffe, die Marx selbst nicht gebrauchte – so interpretiert, als sei die vorherrschende Triebkraft im Menschen seine Leidenschaft, immer mehr haben und konsumieren zu wollen, und daß der Sozialismus ein geeigneteres Instrument sei, um zu immer mehr Produktion und Konsum für alle zu kommen. Nur eine relativ kleine Zahl von Forschern, und zwar sowohl Befürworter wie Gegner von Marx, zeigten auf, daß das eigentliche Ziel von Marx nicht die wirtschaftliche, sondern die menschliche Veränderung war (vgl. E. Fromm, 1932a). Die Idee vom Primat des Besitztriebs ist eine bürgerliche, und keine marxistische Vorstellung. Für Marx stellte die Geldgier das *Produkt* bestimmter gesellschaftlicher Umstände dar und war kein „Instinkt", der als *Ursache* für diese Umstände verantwortlich gemacht werden könnte.

Die Zielvorstellung, von der Karl Marx ausging, war die Befreiung des Menschen aus seiner Verkrüppelung, die Befreiung vom Verlust seiner selbst, von seiner Entfremdung. Die sozialistische Gesellschaft war für ihn kein Selbstzweck, sondern ein Mittel zur vollständigen Verwirklichung des Menschen. Sein Anliegen war im tiefsten Sinne ein nichttheistisches religiöses System, das sich mit der Erlösung des Menschen beschäftigt und die Reformulierung der Ideale des prophetischen Messianismus in säkularer Sprache darstellt.

b) Exkurs: Religion und Gottesvorstellung

Jeder Versuch, die religiöse Eigenart des Systems von Marx zu verdeutlichen, stößt auf fast unüberwindliche Hindernisse. Ein erstes Hindernis stellt bereits der Begriff „religiös" dar, der im allgemeinen so verstanden wird, daß er den Glauben an Gott beinhalte. Dies ist ein typischer, auf Europa zentrierter Provinzialismus. Konfuzianismus, Taoismus und Buddhismus waren Religionen ohne Gottesvorstellung. Die Religionen Europas – Judentum, Christentum und Islam – benützten das Symbol „Gott", weil die soziale und politische Organisation der Länder des Nahen Ostens es nahelegten, den obersten Wert mit dem Begriff des höchsten Vaters oder Königs zu symbolisieren.

Jahrhundertelang waren die Europäer so arrogant, das Symbol des weißen Mannes als konstitutiv für jede Religion zu bestimmen. Während dies die populäre Reaktion war, lösten die Theologen das Problem etwas eleganter und sprachen immer dann von „primitiven" Religionsformen, wenn ihrer Meinung nach die Religion sich noch nicht voll entwickelt und zur Anerkenntnis eines Gottes als des höchsten

Wesens geführt hatte. In der Folge reagierte beinahe jeder auf das Wort „religiös" so, wie er auf die Vorstellung von Gott reagieren würde. Man könnte diese Schwierigkeit umgehen, indem man statt von „religiös" von „spirituell" spricht – was auch ich manchmal tue. Freilich gibt es beim Wort „spirituell" Verknüpfungen zum „Spiritualismus", so daß auch dieses Wort vorbelastet ist. Die Schwierigkeit, ein geeignetes Wort für eine atheistische Religiosität zu finden, liegt jedoch nicht im Mangel an rechten Worten begründet, sondern hat historische Gründe in der Entwicklung des europäischen Denkens.

Der christliche Glaube, wie ihn die Scholastik formulierte und wie er bei Thomas von Aquin seine endgültige Systematisierung gefunden hat, enthielt einen Gottesbegriff, der seine zwei verschiedenen Quellen zu vereinen suchte: den biblischen Gott unmittelbarer Erfahrung und den aristotelischen, philosophischen Gott des Denkens, den „unbewegten Beweger". Die Existenz des biblischen Gottes der Erfahrung ließ sich in Übereinstimmung mit Aristoteles philosophisch beweisen. In einer Zeit, in der es noch keine alternative Erklärung für das Wunder der Schöpfung gab und das vorhandene geozentrische Weltbild praktisch noch nicht in Frage gestellt war, ließen sich die beiden Gottesvorstellungen noch problemlos identifizieren. Mit Recht konnte man damals fragen: Läßt sich ein wertvollerer Zeuge für die Lehren der Bibel finden als der größte aller Philosophen, Aristoteles?

Trotz der Großartigkeit seines Versuchs, Glaube und Vernunft zu versöhnen, eröffnete Thomas von Aquin (1225–1274) eine Entwicklung, die sich schließlich als gefährlich, wenn nicht gar fatal für die Religion herausstellen sollte. Mit dem Wandel des philosophischen Denkens von einem abstrakten und unempirischen Ansatz (wobei ich nicht die empirischen wissenschaftlichen Aspekte der aristotelischen Philosophie geringschätzen möchte) zu einem konkreten, kritischen und schließlich wissenschaftlichen Denken geriet die philosophische Begründung der Religion ins Wanken. Thomas von Aquin und andere Scholastiker hatten gelehrt, daß man die Existenz Gottes philosophisch beweisen könne. Doch was wurde aus diesen Beweisen, wenn der Fortschritt des kritischen und wissenschaftlichen Denkens im Verbund mit neuen Entdeckungen alternative Erklärungen des Wunders der Schöpfung und der Gesetzmäßigkeit der Natur anboten?

Von Galileo Galilei bis Charles Darwin wurde der Mythos von der besonderen Stellung des Menschen unter allen Kreaturen, der seine Wurzeln im Glauben der biblischen Tradition hatte, mehr und mehr untergraben. Die Wissenschaft bot alternative und überzeugendere Erklärungen an. Da die Scholastik aber die Religion in Denkkonstrukten verankert und zu einem beweisbaren Glauben an Gott gemacht hatte, was würde – so ist zu fragen – aus der religiösen Erfahrung werden, wenn das Denkgebäude seine Gültigkeit verloren hatte?

Mit dem 14. Jahrhundert kam eine neue Art zu denken auf, die konkret und kritisch war und zur Grundlage des wissenschaftlichen Denkens – und auch der technischen Entwicklung wurde. (Lewis Mumford hat sich mit Recht gegen das übliche Klischee vom „statischen" Mittelalter gewandt und auch dagegen, daß es vor der Renaissance keinen technischen Fortschritt gegeben hätte. Der Unterschied liegt vielmehr in der Beschleunigung der Erfindungen, die mit den neuen Denkformen und anderen wichtigen sozialen Faktoren einhergehen.) Die entscheidende Figur bei dieser neuen philosophischen Entwicklung war Wilhelm von Ockham (1285–1349), der bedeutendste Philosoph des 14. Jahrhunderts.

Ockhams Bedeutung als Theologe wie als Philosoph ergibt sich aus seiner Zurückweisung der metaphysischen Annahmen des mittelalterlichen „Realismus". Dieser lehrte die onotologische Priorität einer intelligiblen Ordnung abstrakter Wesenheiten und notwendiger Relationen, die „realer" seien als einzelne Gegenstände und bedingte Ereignisse, so daß der *intellectus* erste Ursachen und schließlich auch die Existenz Gottes beweisen kann. Wie ich bereits andeutete, widersprach Ockham dieser Sicht im Kern und rekonstruierte die Philosophie auf der Grundlage eines radikalen Empirismus, bei dem die Evidenz der unmittelbaren Erfahrung der einzelnen Dinge und besonderen Ereignisse die Grundlage für alle Erkenntnis darstellt. Ockhams Glaube ließ sich mit philosophischen Argumenten oder wahrnehmungsmäßiger Evidenz weder widerlegen noch beweisen.

Ockhams radikaler Bruch mit der scholastischen Metaphysik führte dazu, daß sein theologischer Schwerpunkt sich vom *Denken über Gott zur unmittelbaren und subjektiven Erfahrung Gottes* verlagerte. Auch befreite er den Glauben an Gott von der Gefahr, durch wissenschaftliche Erkenntnisse zerstört werden zu können. Der *intellectus* konnte die Existenz Gottes weder beweisen noch widerlegen. Allein die innere Erfahrung konnte für ihn die Glaubensgrundlage sein. Die Ansicht, daß die Denkvorstellung „Gott" als höchster Herrscher selbst historisch bedingt ist und daß diese besondere Vorstellung nur deshalb gewählt wurde, weil das Christentum seinen Ursprung eben im Nahen Osten hatte – diese Ansicht war freilich der Gedankenwelt des 14. Jahrhunderts fremd. Doch als der Schwerpunkt sich von der Denkvorstellung zur Erfahrung verlagerte, verlor auch der besondere Inhalt dieser Denkvorstellung seine Bedeutung.

Diese Entwicklung kam durch Eckhart zu ihrer Vollendung. Wie bereits gesagt, führte Eckharts Radikalisierung der „negativen Theologie" zu einer Nicht-Theologie. Der Gott der Schöpfung, der tätige Gott, verlor seine Rolle als oberstes Wesen. Über die „Gottheit" aber, die weit über dem „Gott" der Schöpfung war, ließ sich weder denken noch konnte man über sie oder zu ihr sprechen. Sie ist Stille und Ruhe, ein Nichts (*no-thing*). Allein der Mensch interessiert, der Prozeß der inneren Befreiung, seine Bemühung, zu einem gerechten Menschen zu werden. Eckhart gebrauchte hierfür zwar das traditionelle Symbol „Gott", doch er gab ihm einen neuen Inhalt.

Zweifellos wäre es nicht uninteressant, darüber zu spekulieren, was geschehen wäre, wenn nicht Thomas von Aquin, sondern die Nicht-Theologie von Eckhart für das Christentum repräsentativ geworden wäre. In einem solchen – aus historischen Gründen unmöglichen – Fall wäre die Religion durch den wissenschaftlichen Fortschritt ebensowenig wie etwa im Buddhismus in Mitleidenschaft gezogen worden. Die Religion hätte sich dann auch nicht durch einen militanten Atheismus, der nur die logische Folge einer auf Gott zentrierten Religion ist, herausfordern lassen. Vielmehr hätte die Kritik die Religion dadurch immanent herausgefordert, daß sie gezeigt hätte, wie sie entsprechend ihren eigenen Voraussetzungen darin versagt hat, etwas zur Entwicklung des Menschen beizutragen. (Das Anliegen von Marx war eine solche immanente Kritik; ihm ging es nicht um den „Atheismus" im üblichen Sinne.) Eckhart verlagerte den Schwerpunkt von der Theologie zur Anthropologie.

Auch Spinoza machte den Versuch, das Zentrum der Religion von Gott zum Menschen, von der Theologie zur Ethik zu verlagern. Auch er gebrauchte hierbei weiterhin den Begriff „Gott". Indem er aber Gott und Natur gleichsetzte, wies er den traditionellen Gottesbegriff noch radikaler und offener zurück, als dies Eckhart drei Jahrhunderte früher hätte machen können. Spinoza fragte nach Normen, die zu einer optimalen Entwicklung des Menschen führen, um jenen Freiheitsspielraum auszunutzen, der dem Menschen trotz der Tatsache verbleibt, daß er von Umständen determiniert wird, die er nicht beeinflussen kann. Der Weg dorthin bedeutet, kein Sklave irrationaler Leidenschaften mehr zu sein und nur jene Affekte zur Entwicklung zu bringen, die auf dem Boden innerer Freiheit erwachsen: Edelsinn und Willensstärke, allumfassende Liebe und kühnen Mut.

Im Unterschied zu Eckhart war Spinoza kein Theologe in dem Sinne, daß er eine bestimmte Religion praktizierte und ihre Theologie vertrat. Auch drückte er seine Vorstellungen nicht in der Muttersprache aus, sondern schrieb lateinisch und erreichte auf diese Weise nur andere Philosophen. Schon allein deshalb hätte er auch gar keinen direkten Einfluß auf die religiöse Entwicklung nehmen können. Dennoch hatte er auf das Denken der nachfolgenden zwei Jahrhunderte einen enormen Einfluß. Goethe, Hegel und auch Marx (wie die Exzerpte der Schriften Spinozas in den Notizbüchern von Marx belegen) waren tief von Spinoza beeinflußt. Weder Eckhart noch Spinoza aber hatten einen großen Einfluß auf die Entwicklung des religiösen Denkens überhaupt. Eckhart lebte hierfür zu früh, so daß die päpstliche Autorität ihn als Häretiker brandmarken konnte. Spinoza, ebenfalls als Häretiker gebrandmarkt, und zwar von der jüdischen Gemeinde in Amsterdam, war in keiner der Religionen beheimatet.

Das offizielle Christentum machte die Verschiebung des Schwerpunkts vom Gottesbegriff zur menschlichen Erfahrung nicht mit. In der Folge verlor es immer mehr Anhänger, die den philosophischen Gottesbegriff nicht mit der neuen Art, wissenschaftlich zu denken, und mit den daraus resultierenden großen Entdeckungen zusammenbringen konnten. Allerdings war es nicht einfach so, daß das neue Denken den Glauben an Gott zerstörte. Selbst heutzutage wird die Mehrheit der Einwohner Westeuropas und Nordamerikas behaupten, sie glaube an Gott. Freilich hat dieser Glaube seine ganze Bedeutung für das persönliche Leben verloren. Er bewegt die Gläubigen eben nicht zu einem „religiösen Leben"; vielmehr ist Gott ein allgemein übliches farbloses Symbol geworden und dient dazu, einige übriggebliebene Bedürfnisse nach einem hilfreichen Vater zu befriedigen, insbesondere dort, wo das Leben gefährlich ist. In Wirklichkeit ist dieser philosophische Gott zu einem Götzen geworden im Verein mit den Götzen der weltlichen Autorität. Ich muß nicht eigens betonen, daß es von dieser Regel auch Ausnahmen gibt. Selbst in den letzten Jahrzehnten kam es zu solchen Ausnahmen: Albert Schweitzer, Papst Johannes XXIII, Erzbischof Dom Helder Camara und Hunderte von katholischen Priestern, vorzugsweise in Lateinamerika. Für sie alle gilt, daß es der Religion nicht um Theologie geht, das heißt um das richtige Denken über Gott, sondern um die Forderung nach einem Leben praktizierter Liebe, Gerechtigkeit und der Verantwortung füreinander. Aber sie sind noch immer eine Minderheit.

Der Hauptstrom der historischen Entwicklung führte zur Alternative: Religion oder säkulares Leben, wobei Religion als Glaube an den überbrachten Gottesbegriff verstanden wird, während man das säkulare Leben mit Egoismus, Gier und Gewalttätigkeit gleichsetzt. Dostojewski hat diese Alternative zutreffend so formuliert: Ist Gott tot, dann ist alles erlaubt. Er meinte damit: Wenn ich nicht mehr an das Symbol „Gott" glaube, kann ich auch kein Leben führen, das auf Normen und Werten gründet, die diesem Glauben an Gott entsprangen. Es scheint so, als wäre die Tür zum Heil all jenen verschlossen, die aus welchen Gründen auch immer nicht bekennen können, daß sie an Gott glauben. Seit dem von Papst Johannes XXIII einberufenen Vatikanischen Konzil [1962–1965] gibt es viele Theologen, die dies nicht mehr behaupten, sondern den Weg zum Heil auch für jene offen sehen, die nicht an Gott glauben. Ihre Argumente unterscheiden sich allerdings von jenem, das Karl Rahner [in seiner Lehre vom „anonymen Christen"] gebraucht. (Für Rahner kann es auch eine Täuschung sein, wenn jemand sagt, er glaube an Gott oder er glaube nicht an Gott. Der bewußte Unglaube könne deshalb den tatsächlichen Glauben verdecken und umgekehrt.) Die Argumente dieser Theologen lassen sich mit denen von Eckhart vereinbaren, daß nämlich der Gedankenglaube irrelevant sei und daß alles auf das tatsächliche Tun ankomme und also jemand handelt, wie der Gläubige gemäß seinem Glauben handeln würde oder sollte.

Die entscheidende Frage heute ist meines Erachtens die folgende: Hatte Dostojewski mit seiner Alternative Recht, oder gibt es eine „religiöse Haltung" bzw. eine Art zu leben, die gültig und authentisch ist, obwohl sie keinen Gottesbegriff einschließt? Muß unsere Kultur notgedrungen an den Punkt kommen, an dem der *Mensch* tot ist, nachdem *Gott* tot ist? Müssen wir uns mit einem Leben der Gier und des Besitzstrebens abfinden und auf diese Weise unsere Seele verlieren, nur weil wir uns selbst nicht von einer Vorstellung Gottes als eines Königs befreien können, die unserem Begriffsdenken über 3000 Jahre lang ihren Stempel aufgedrückt hat? Gibt es für einen neuen „Atheismus", der tief religiös und dem vorherrschenden theistischen Götzendienst entgegengesetzt ist, eine Zukunft?

Ohne Zweifel gibt es ein Verlangen nach einer neuen Art atheistischer Religiosität. Sie läßt sich bei den Jüngeren in vielen westlichen Ländern beobachten und manifestierte sich im Phänomen der Hippies ebenso wie im Interesse an Yoga, Zen-Buddhismus und ähnlichen Erscheinungen. Ein Gutteil dieses Interesses geriet auf Abwege oder wurde von einzelnen oder Gruppen für eigene Publizitätsinteressen ausgebeutet. Die meisten tiefgründigen Ideen – vom Delphischen „Erkenne dich selbst" bis zu Freuds Psychoanalyse – wurden verkauft. Von schwindlerischen Gurus bis zu ebenso betrügerischen Propheten der Freude und des Sex: nichts blieb unberührt vom Gift der gegenwärtigen Publicity-Sucht und vom Geschäfte-machen-Wollen. In der Folge macht sich bei vielen eine Resignation breit, die sie zu den alten Göttern zurückkehren läßt, weil sich die neuen als falsche Götter erwiesen. Die Methode, in Intensivkursen, mit Hilfe von Drogen, übers Wochenende mal versuchsweise trügerische Nähe zu erleben usw., mußte allerdings scheitern, denn es läßt sich nun mal nichts Ernstzunehmendes vollbringen ohne große Anstrengung, Geduld und Ehrlichkeit. Es gibt aber keinen Grund, enttäuscht zu sein, wenn man entdeckt, daß falsche Wege nicht zu den erwünschten Zielen führen.

Karl Marx folgte dem von Eckhart und Spinoza vorgezeichneten Weg. Das Ziel seines atheistischen radikalen Humanismus war die Erlösung des Menschen, seine Selbstverwirklichung, die Überwindung seines Verlangens nach „Haben" und Konsumieren, seine Freiheit und Unabhängigkeit sowie seine Liebe zu anderen.

c) Humanismus als säkularer Messianismus

Die wichtigste allgemeingültige Feststellung, die sich zu Marx machen läßt, lautet: Der radikale Humanismus von Marx war ein System, das auf die Erlösung des Menschen zielte, ein Prinzip, das sein Humanismus mit dem Buddhismus, dem Judentum und dem Christentum gemeinsam hat. Der Begriff „Erlösung" wurde von den europäischen Religionen monopolisiert, so daß er den Bezug auf Gott, der selbst der Erlöser ist oder ihn sendet, zu implizieren scheint. Im Buddhismus gibt es eine solche Verbindung nicht. Dieser lehrt, daß der Mensch sich selbst zu erlösen habe und dabei nur durch die Weisheit Buddhas, der ein Lehrer und kein Erlöser ist, unterstützt wird. Um die Vorstellung der Erlösung *(salvation)* von ihrer theistischen Einfärbung frei zu halten, ist es hilfreich, an die wörtliche Bedeutung zu erinnern, [die der Begriff Erlösung im Englischen hat]. *Salvation* kommt ebenso wie das französische *salut* oder das spanische *salud* vom lateinischen *salvare,* dessen Wurzel sal = Salz ist. Salz wurde dazu benützt, Fleisch vor dem Verderben zu bewahren. Auf den Menschen angewendet, bedeutet Erlösung *(salvation)*, daß er vor dem Verderben bewahrt und auf diese Weise in seiner Gesundheit *(salus)* erhalten wird. Wie und wovon der Mensch erlöst wird, ist eine andere Frage. Im Buddhismus wird der Mensch vom Leiden erlöst, das aller Gier innewohnt; das Christentum lehrt, daß der Mensch von seiner „Erbsünde" erlöst wird; im Judentum wird der Mensch von den Folgen seines falschen Lebens, vor allem seines Götzendienstes befreit. Bei Marx wird der Mensch von der Entfremdung, vom Verlust seiner selbst erlöst.

Die Philosophie von Marx unterscheidet sich in dieser Hinsicht wesentlich vom Hauptstrom der vom griechischen Denken ausgehenden Philosophie, wie Nicholas Lobkovicz, ein sehr gebildeter katholischer Gegner des Denkens von Marx, treffend herausgearbeitet hat: „Aristoteles geht philosophisch vom ‚Wunder' aus, von einer intellektuellen Neugier, die halb der Furcht, halb dem Wunsch entspringt, das Leben des Menschen an die Ordnung des Seins, des Kosmos anzugleichen. Sowohl Hegel als auch Marx gehen im Gegensatz dazu philosophisch vom Unglücksein und von der Unzufriedenheit aus, also von der ‚Erfahrung', daß die Welt nicht so ist, wie sie sein sollte. Dem entspricht, daß es Aristoteles in erster Linie um das Verstehen geht, um das Aufdecken von Strukturen und Gesetzmäßigkeiten, denen sich das Denken des Menschen und sein Handeln anzupassen haben, während Hegel und Marx auf ‚Versöhnung' und/oder ‚Revolutionieren' abzielen. Bei Aristoteles gibt es nichts, was in seinem Naturzustand falsch ist oder sein kann. Deshalb ist auch nicht sein Anliegen, das Universum in Ordnung zu bringen oder vernünftig zu gestalten. Für ihn besteht das Problem nur darin, die dem Universum innewohnende Ordnung und Vernunft zu entdecken und sich dieser Ordnung und Vernunft zu fügen. Für Hegel und Marx liegen fast alle Dinge im argen und müssen deshalb aufgehoben, verändert, umgeformt, revolutioniert werden. In dieser Hinsicht gibt es zwischen Hegel und Marx nur den einen wichtigen Unterschied, daß sich Hegel noch weitaus mehr der philosophischen Tradition der Griechen verbunden weiß und deshalb glaubt, daß eine Versöhnung des Menschen mit dem Universum nur möglich ist, wenn er es lernt, dieses adäquat zu verstehen, während Marx, von Hegels spekulativer Verklärung enttäuscht, allen Glauben an die heilende und versöhnende Kraft des Denkens verloren hat." (N. Lobkovicz, 1967, S. 340f.)

Die Beschreibung durch Lobkovicz läßt sich dahingehend ergänzen, daß die Vorstellung der Erlösung bei Marx der messianischen Vorstellung mancher alttestamentlicher Propheten sehr nahe kommt. Die „messianische Zeit" ist keine jenseitige, sondern eine *historische* Epoche, in der die gesamte Menschheit in Frieden vereint sein wird, in der Aggression und Furcht verschwunden sein werden und die „Erkenntnis Gottes" die ganze Erde bedecken wird. (Vgl. die ausführlichere Darstellung des Messianismus in E. Fromm, 1966a, sowie die meiner Interpretation gegenüberstehende von G. Scholem, 1963. – Beim Propheten Micha wird nicht einmal die gemeinsame Verehrung des Gottes der Hebräer verlangt, vielmehr wird jedes Volk zu seinem eigenen Gott beten.)

Die messianische Erlösung wird nicht durch einen Gnadenakt Gottes herbeigeführt, sondern stellt das Ergebnis der eigenen Bemühungen des Menschen dar, Wege zu seiner eigenen Vervollkommnung zu finden. Sicherlich war dieses Verständnis von Messianismus nicht das einzige und wurde es in der nachprophetischen Tradition weitgehend von einer anderen messianischen Vorstellung überschattet, die der erstgenannten gegenübersteht. Diese zweite Version ist katastrophisch-apokalyptisch. Gemäß dieser Vorstellung würde, kurz gesagt, der Messias kommen, wenn der Mensch das Stadium vollständiger Entmenschlichung erreicht hat, derzufolge es zu destruktiven Kriegen und Katastrophen kommt. Erst auf dem Höhepunkt dieser Katastrophe würde der Messias von Gott gesandt werden und nicht, wie bei der erstgenannten Version, als das Ergebnis der eigenen Bemühungen des Menschen. Im [Babylonischen] Talmud spiegelt sich die Alternative zwischen den beiden Messianismusvorstellungen [in der Lehre Rabbi Jochanans] wider: „Der Sohn Davids (der Messias) wird nur in einer Generation kommen, die entweder ganz gerecht oder ganz böse ist." (Sanhedrin 98a.)

Das erstgenannte Verständnis des Messianismus verschwand dennoch nie, wie viele Äußerungen des Talmuds und die Beschreibung der messianischen Zeit bei Moses Maimonides zeigen. Er vertritt, die Katastrophenvorstellung ablehnend, die Auffassung: „In jener Zeit (des Messias) wird es weder Hungersnot noch Krieg noch Mißgunst noch Zwietracht geben. Alle Güter der Welt wird es im Überfluß geben; die erquicklichen Dinge wird es so zahlreich wie den Staub geben. Alle Welt wird kein anderes Anliegen haben, als Gott zu erkennen. Die Kinder Israels werden dann sehr weise sein und Dinge wissen, die jetzt noch verborgen sind. Sie werden zu einer Erkenntnis ihres Schöpfers gelangen, soweit der menschliche Geist dies vermag, wie geschrieben steht (Jes 11,9): ‚Denn die Erde wird voll sein von der Erkenntnis Gottes, wie die Wasser das Meer bedecken.'" (Moses Maimonides, *Mishne Thora*, Buch der Gerechten, Kap. 12,5 [hier wiedergegeben nach Fromms englischer Übersetzung des hebräischen Urtextes von Maimonides].)

Gershom Scholem (1963, S. 62) interpretiert den Satz von Maimonides entsprechend seiner auch sonst vertretenen Auffassung, daß die Vorstellung von der messianischen Zeit fast ausschließlich eine katastrophische war, so: „In diesen gemessenen Worten eines großen Meisters hat jeder Satz, ausgesprochen oder verschwiegen, eine polemische Adresse. Ihre nüchterne Besonnenheit kodifiziert den Protest gegen die Apokalyptik, gegen die wuchernde Phantasie der Haggadisten und gegen die Autoren der volkstümlichen Midraschim, in denen die Stadien des Endes und die Katastrophen der Natur und der Geschichte beschrieben werden, die es begleiten. Dies alles wird mit einer großartigen Geste ausgewischt. Maimonides weiß nichts von messianischen Wundern und anderen Zeichen. Die messianische Zeit bringt negativ die Freiheit von der gegenwärtigen Knechtschaft Israels und als positiven Inhalt die Freiheit für die Erkenntnis Gottes. Dazu aber muß weder das Gesetz der sittlichen Ordnung fallen, die Offenbarung der Tora, noch das Gesetz der natürlichen Ordnung." – Scholem scheint bei seinen Bemerkungen völlig die Tatsache zu vergessen, daß eine Ordnung, in der es keinen Neid und keinen Krieg gibt und alles in Fülle für alle da ist, keineswegs damit hinreichend beschrieben ist, daß Israel frei von der Sklaverei und frei für die Erkenntnis Gottes ist. In Wirklichkeit beschreibt Maimonides eine Utopie, jedoch keine *apokalyptische* Utopie der Veränderung der Gesetze der Natur und des Lebens des Menschen, sondern eine *historische* Utopie einer gänzlich neuen Form des Lebens, die für alle Menschen gültig ist. Auch wenn Maimonides eine ganze Reihe von Äußerungen über die messianische Zeit gemacht hat, die diese radikale Vision nicht beinhalten, so hat er sie dennoch gemacht und begründet den letzten Satz seines *magnum opus*, der *Wiederholung des Gesetzes*.

In der Sozialismusvorstellung von Marx kehren sämtliche Elemente der messianischen Zeit wieder: die Abwesenheit von Neid, Aggression und Krieg und der Überfluß von allem für alle. Der einzige Unterschied besteht darin, daß dies für Maimonides „die Erkenntnis Gottes" bedeutet, während es für Marx der Ausdruck dessen ist, daß der Mensch die Welt ganz und gar mit Hilfe von Vernunft und Liebe begreift. (Der letzte große jüdische Philosoph, der Neukantianer Hermann Cohen, machte diesen Zusammenhang von Messianismus und Sozialismus explizit.) Die Schwierigkeit, das System von Marx zu verstehen, hat mit der Tatsache zu tun, daß Marx im allgemeinen zu einem Vertreter eines „Fortschritts" gemacht wird, wie ihn das liberale bürgerliche Lager der Industriegesellschaft versteht. Für dieses besteht Fortschritt im maximalen Wissen (Bildung), in maximaler industrieller Produktion und in maximalem Konsum.

Wie Carl L. Becker (1946) treffend zeigte, hat die Zukunft, die „Nachwelt", die Rolle des himmlischen Königreiches angenommen. Der Mensch verlangte nach Unsterblichkeit oder doch zumindest nach der Rechtfertigung seiner Existenz, indem er am Aufbau der Zukunft, das heißt des Fortschritts im eben genannten Sinne, teilhat. Das Verlangen nach Unsterblichkeit kommt beim modernen Menschen in seinem Wunsch zum Ausdruck, berühmt und allgemein bekannt zu sein (von anderen gekannt zu werden, ist eine Bestätigung des eigenen Daseins), von historischer Wichtigkeit zu sein (vor allem bei Politikern zu finden) oder doch zumindest ein Zeuge historischer Ereignisse zu sein. Der Fortschritt war zeitlich unbegrenzt, da es niemals zu einem Ende des Wachstums von Produzieren und Konsumieren kommen würde. Die Vollendung in unbegrenzter Zeit hatte den Platz der inneren Vollendung zu Lebzeiten eingenommen.

Marx war ebenso wie konservative Denker – etwa Benjamin Disraeli – ein Gegner dieser Fortschrittsvorstellung. Wie Marx, so sahen auch die Konservativen, daß die Fortsetzung des Panökonomismus des industriellen Systems zur allmählichen Zerstörung der menschlichen Substanz führen würde und einen seelenlosen, hilflosen Menschen hervorbringt. In dieser Hinsicht kamen die Konservativen in ihren Ansichten Marx manchmal sehr nahe. Der Hauptunterschied besteht darin, daß sie glaubten, gegen das Übel ankämpfen zu können, indem sie die alten ökonomischen

Strukturen (und mit ihnen die eigenen Klasseninteressen) bewahrten, während Marx, der kein Romantiker war, davon überzeugt war, daß der Bedrohung des Menschen nur durch eine gänzlich neue Gesellschaftsstruktur begegnet werden könne, die weder die des Feudalismus noch des kapitalistischen Industrialismus war, sondern die eines Sozialismus, in dem alle Menschen fähig sind, sich der Dinge zu erfreuen, ohne zu ihren Sklaven zu werden.

Im allgemeinen wird übersehen, daß Marx ein Gegner der liberalen industriellen Vorstellungen vom Fortschritt war, weil der Sozialismus schon bald anfing, sich mit dem Liberalismus zu verbünden und den „Fortschritt" zu bejahen, sofern er auch für die Arbeiterklasse galt. In der Folge dieser Blindheit beachtete man nicht mehr den wahrhaft revolutionären Charakter der Lehren von Marx, oder man nahm ihn nicht ernst genug. Es gibt keinen Zweifel, Marx wollte eine politische Revolution, die zu einer gesellschaftlichen Revolution führen sollte (und eine Revolution wie die demokratisch organisierte Pariser Kommune war für ihn ein leuchtendes Beispiel). Der wahrhaft revolutionäre Charakter der Vorstellungen von Marx gründet sich aber darin, daß es ihm um eine *menschliche* Revolution ging, um eine neue Phase im menschlichen Leben, eine Phase, mit der die Vorgeschichte enden und die *menschliche* Geschichte beginnen würde.

Das Denken von Marx hatte auch einen Bezug zu Fichte und Schiller. Für Fichte – wie für Schiller – war die Geschichte die Dimension der Entwicklung des Menschen von einem Erdenleben, das – durch Instinkte geleitet – sich fortentwickelt zu einem Leben, das auf Vernunftherrschaft gründet. Im Geschichtsprozeß werden diese Instinkte zu Fichtes Lebzeiten „in eine äußerlich zwingende Autorität verwandelt" (J. G. Fichte, 1911, S. 405). ... Schließlich wird „die Menschheit mit sicherer und unfehlbarer Hand sich selber zum getroffenen Abdrucke der Vernunft " aufbauen in einer Epoche

„der vollendeten Rechtfertigung und Heiligung" (a.a.O.). N. Lobkovicz (1967, S. 317) fügt hinzu, daß Fichtes Beschreibung des Zeitalters der „vollendeten Sündhaftigkeit" dabei bereits Hegels (und auch Marx') Analyse der „bürgerlichen Gesellschaft" vorwegnimmt. „Von seinen Instinkten verlassen und immer noch nicht die ‚Wissenschaft' erreicht habend ist der Mensch darauf reduziert, ‚lediglich Individualität' zu sein, und die Spezies, ‚das allein vorhandene und herrschende' (J. G. Fichte, a.a.O., S. 420), degeneriert zu einer leeren Abstraktion. Ist die Vernunft *qua* Instinkt verschwunden und die autonome sich ihrer selbst bewußte Vernunft noch nicht in des Menschen Reichweite, bleibt nichts anderes übrig als das bloße individuelle, persönliche Leben. Kein Wunder deshalb, daß die gegenwärtige Zeit nur noch eine Tugend kennt, ‚die Klugheit, seinen persönlichen Vorteil zu befördern' (J. G. Fichte, a.a.O., S. 460)." (N. Lobkovicz, 1967, S. 317.)

Schillers Vorstellungen zu dieser Frage sind in vieler Hinsicht ähnlich; dasselbe Schema läßt sich auch bei Hegel finden. In den Vorstellungen von Fichte, Schiller und Hegel geht es immer um den Menschen und seine Selbstentwicklung, und zwar nicht auf Grund eines Gnadenaktes, sondern aus eigener Bemühung. Das gleiche gilt für die Vorstellungen von Marx. Er schätzt die *Phänomenologie* von Hegel deshalb so sehr, weil Hegel darin die Entstehung der Menschlichkeit des Menschen als einen Prozeß der „Selbsterzeugung des Menschen" *(Ökonomisch-philosophische Manuskripte (1844),* MEGA I, 3, S. 156) gezeigt habe, als „Entstehungsgeschichte des Menschen" (vgl. a.a.O., S. 153).

Neu bei Marx ist seine Entdeckung der Ökonomie als jenes Elendes, das dem Menschen den Weg zu seiner Selbstverwirklichung blockiert, und daß nicht nur das Wachstum der Vernunft des Menschen das Ziel seiner Menschwerdung darstellt, sondern das Wachstum aller seiner intellektuellen, emotionalen und sinnlichen Fähigkeiten.

Fichte und Schiller boten in erster Linie nur eine Philosophie der Geschichte. Hegel noch war davon überzeugt, daß das philosophische Verstehen der Geschichte ausreiche, um die große Veränderung zu erreichen. Erst Marx verband die philosophische Einsicht mit dem revolutionären Glauben und der revolutionären Tat und provozierte alle Philosophen der Vergangenheit mit der Feststellung: „Die Philosophen haben die Welt nur verschieden *interpretiert*, es kömmt drauf an sie zu *verändern*." (*Deutsche Ideologie*, MEGA I, 5, S. 535 = MEW 3, S. 7.)

Dieser berühmte Satz wurde gewöhnlich als Ruf nach politischer und sozio-ökonomischer Revolution verstanden und benützt. Marx, dieser so sehr mit Politik befaßte Mensch, könnte durchaus mit Recht auf diese Weise interpretiert werden. Doch, wie ich bereits bemerkte, war die revolutionäre Absicht von Marx viel kühner und sozusagen utopischer. Er forderte den Menschen auf, nicht nur anders zu *denken* und zu *handeln*, sondern anders zu *sein*. Die Revolution zielte auf einen neuen Menschen und eine neue Gesellschaft, und zwar im menschlichen Sinne, und nicht nur politisch und ökonomisch. Marx folgt der revolutionären Tradition des Messianismus, wie sie zuerst bei den Propheten, dann bei den Kabbalisten, bei Joachim von Fiore, bei Meister Eckhart ausgedrückt wurde. Marx wollte keine liberale, ethische Reform wie die Fortschrittlichen des Bürgertums (einschließlich Freud – vgl. E. Fromm, 1959a). Marx hatte die Utopie einer neuen Welt, so wie sie es noch nie gab, zum Ziel.

Marx drückte seine messianische Vision auf verschiedene Weise aus: „Die Geschichte tut nichts" [*Die heilige Familie*, MEGA I, 3, S. 265 = MEW 2, S. 98]; vielmehr erschafft der Mensch sich im Laufe der Geschichte durch sein eigenes Tätigsein. Er wird ganz Mensch, wenn er den Aufwand, sich selbst durch Arbeit zu erhalten, auf ein Minimum reduziert hat, wenn er seinen Egoismus überwunden hat, wenn er ohne Selbstsucht auf andere bezogen ist, wenn er von äußeren Mächten, gleich welcher Art, völlig unabhängig ist, wenn er ein reicher Mensch ist, weil er viel *ist*, und nicht, weil er viel *hat*.

Marx hat der neuen Form des individuellen und gesellschaftlichen Daseins den Namen „Kommunismus" gegeben, doch er hat nie – außer in Begriffen, die sich auf den Menschen beziehen – eine konkrete Beschreibung dessen gegeben, wie dieser Kommunismus aussieht. Sein konkretes politisches Programm, wie es im *Manifest der kommunistischen Partei (1848)* (MEGA, I, 6 = MEW 4) ausgedrückt ist, ist äußerst bescheiden formuliert, betrachtet man es einmal aus der Perspektive der zweiten Hälfte des 20. Jahrhunderts, in der die meisten seiner Forderungen in einer Reihe von kapitalistischen Ländern erfüllt sind. Gerade weil Marx keine konkreten Vorstellungen formulierte, wie die kommunistische Gesellschaft aussehen wird, hielt er an der Reinheit seiner Vision fest und mußte sie nicht durch konkrete Beschreibungen verwässern, mit denen er Entwicklungen vorausgesehen hätte, die in der alten Gesellschaft und ohne Änderung des Menschen gar nicht vorausgesehen werden konnten. Marx beschrieb nur, was der Kommunismus nicht ist.

Wenn wir die Beschreibung des Kommunismus bei Marx lesen, dann paßt diese tatsächlich in mehreren Beziehungen auf ein „sozialistisches" Land wie die Sowjetunion: Kommunismus als allgemeines Privateigentum zeigt „sich in doppelter Gestalt: einmal ist die Herrschaft des *sachlichen* Eigentums so groß ihm gegenüber, daß er *alles* vernichten will, was nicht fähig ist, als Privateigentum von allen besessen zu werden; er will auf *gewaltsame* Weise von Talent etc. abstrahieren. Der physische unmittelbare *Besitz* gilt ihm als einziger Zweck des Lebens und Daseins; die Leistung des *Arbeiters* wird nicht aufgehoben, sondern auf alle Menschen ausgedehnt; das Verhältnis des Privateigentums bleibt das

Verhältnis der Gemeinschaft zur Sachenwelt; endlich spricht sich diese Bewegung, dem Privateigentum das allgemeine Privateigentum entgegenzustellen, in der tierischen Form aus, daß der *Ehe* (welche allerdings eine Form des *exklusiven Privateigentums* ist) die *Weibergemeinschaft*, wo also das Weib zu einem *gemeinschaftlichen* und *gemeinen* Eigentum wird, entgegengestellt wird. Man darf sagen, daß dieser Gedanke der *Weibergemeinschaft* das *ausgesprochne Geheimnis* dieses noch ganz rohen und gedankenlosen Kommunismus ist. Wie das Weib aus der Ehe in die allgemeine Prostitution, so tritt die ganze Welt des Reichtums, das heißt des gegenständlichen Wesens des Menschen, aus dem Verhältnis der exklusiven Ehe mit dem Privateigentümer in das Verhältnis der universellen Prostitution mit der Gemeinschaft.

Dieser Kommunismus – indem er die *Persönlichkeit* des Menschen überall negiert – ist eben nur der konsequente Ausdruck des Privateigentums, welches diese Negation ist. Der allgemeine und als Macht sich konstituierende *Neid* ist nur die versteckte Form, in welcher die *Habsucht* sich herstellt und nur auf eine *andre* Weise sich befriedigt. Der Gedanke jedes Privateigentums als eines solchen ist *wenigstens* gegen das *reichere* Privateigentum als Neid und Nivellierungssucht gekehrt, so daß diese sogar das Wesen der Konkurrenz ausmachen. Der rohe Kommunismus ist nur die Vollendung dieses Neides und dieser Nivellierung von dem *vorgestellten* Minimum aus. Er hat ein *bestimmtes begrenztes* Maß. Wie wenig diese Aufhebung des Privateigentums eine wirkliche Aneignung ist, beweist eben die abstrakte Negation der ganzen Welt der Bildung und der Zivilisation, die Rückkehr zur *unnatürlichen* Einfachheit des armen, rohen und bedürfnislosen Menschen, der nicht über das Privateigentum hinaus, sondern noch nicht einmal bei demselben angelangt ist." *(Ökonomisch-philosophische Manuskripte (1844)*, MEGA I, 3, S. 111f. = MEW Erg. I, S. 534f.)

Die neue Gesellschaft beschreibt Marx „als wirkliche *Aneignung des menschlichen* Wesens durch und für den Menschen; darum als vollständige, bewußt und innerhalb des ganzen Reichtums der bisherigen Entwicklung gewordne Rückkehr des Menschen für sich als eines *gesellschaftlichen*, das heißt menschlichen Menschen. Dieser Kommunismus ist als vollendeter Naturalismus = Humanismus, als vollendeter Humanismus = Naturalismus, er ist die *wahrhafte* Auflösung des Widerstreites zwischen dem Menschen mit der Natur und mit dem Menschen, die wahre Auflösung des Streits zwischen Existenz und Wesen, zwischen Vergegenständlichung und Selbstbestätigung, zwischen Freiheit und Notwendigkeit, zwischen Individuum und Gattung. Er ist das aufgelöste Rätsel der Geschichte und weiß sich als diese Lösung." (A.a.O., MEGA I, 3, S. 114 = MEW Erg. I, S. 536.)

Auch am Ende seines Lebenswerkes, im *Kapital*, setzt sich diese Linie seines Denkens fort. Der Mensch wird jenen Punkt der Geschichte erreicht haben, an dem er seine menschliche Aufgabe verwirklichen kann: die Entwicklung seiner Kräfte als Selbstzweck. Jenseits des Reiches der Notwendigkeit, wo das Arbeiten, das durch Not und äußere Zweckmäßigkeit bestimmt ist, aufhört, „beginnt die menschliche Kraftentwicklung, die sich als Selbstzweck gilt, das wahre Reich der Freiheit, das aber nur auf jenem Reich der Notwendigkeit als seiner Basis aufblühen kann" (*Das Kapital*, Band 3, MEW 25, S. 828).

Das neue Zeitalter wird das der völligen Vollendung jedes menschlichen Wesens sein, „die vollendete Wesenseinheit des Menschen mit der Natur, die wahre Resurrektion der Natur, der ausgeführte Naturalismus des Menschen und der durchgeführte Humanismus der Natur" *(Ökonomisch-philosophische Manuskripte (1844)*, MEGA I, 3, S. 116 = MEW Erg. I, S. 538). In der neuen Gesellschaft wird es Gleichheit für den Menschen geben. Für Marx hat Gleichheit mit der

Einheit des menschlichen Wesens zu tun, mit der praktischen Identität der Menschen untereinander, das heißt im Hinblick auf die gesellschaftliche oder menschliche Beziehung.

d) Haben oder Sein nach Marx

Vor dem Hintergrund des revolutionären Humanismus von Marx, seines atheistischen Messianismus, werden wir nun – so hoffe ich – zu einem adäquaten Verständnis seiner Vorstellungen über das Haben und Sein kommen können. Das wichtigste Element beim Begriff des *Habens* ist bei Marx dasselbe wie beim Eckhartschen Begriff: Beide unterscheiden zwischen dem Haben, um etwas zu gebrauchen und sich an ihm zu erfreuen einerseits, und dem *Besitzstreben* als einer Existenzweise andererseits.

Nach der korrumpierten marxistischen Vorstellung war es die Zielsetzung von Marx, daß der Arbeiter mehr *haben* sollte, bis er schließlich genausoviel wie der Kapitalist hat und deshalb an dem Fortschritt teilhat, der das Glück bringt (wobei dieses im grenzenlosen Konsum für alle gesehen wird). Marx dagegen betrachtete die Orientierung am *Haben* als den zentralen Defekt des Menschen in der kapitalistischen Gesellschaft. „Das Privateigentum", sagt Marx in den *Ökonomisch-philosophischen Manuskripten (1844)*, „hat uns so dumm und einseitig gemacht, daß ein Gegenstand erst der *unsrige* ist, wenn wir ihn haben, er also als Kapital für uns existiert, oder von uns unmittelbar besessen, gegessen, getrunken, an unsrem Leib getragen, von uns bewohnt etc., kurz *gebraucht* wird... An die Stelle *aller* physischen und geistigen Sinne ist daher die einfache Entfremdung aller dieser Sinne, der Sinn des *Habens* getreten. Auf diese absolute Armut mußte das menschliche Wesen reduziert werden, damit es seinen inneren Reichtum aus sich herausgebäre. (Über die Kategorie des *Habens* siehe Heß in den ‚21 Bogen'.)" (MEGA I, 3, S. 118 = MEW Erg. I., S. 539f.)

Der „Sinn des Habens", von dem Marx hier spricht, ist genau dasselbe wie die „Ich-Gebundenheit" bei Eckhart, die Gier nach Dingen und die damit verbundene Selbstsucht. Marx bezieht sich auf die Existenzweise des Habens, nicht auf den Besitz als solchen, auch nicht auf das nicht-entfremdete Privateigentum als solches. Das Ziel ist weder Reichtum noch Luxus noch Armut. In Wirklichkeit sieht Marx beide, Luxus wie Armut, als Laster an.

In dem eben zitierten Abschnitt spricht Marx von der Armut und setzt sie mit dem totalen Sinn des Habens gleich. Das heißt also, daß der Mensch, der viel *hat*, ein armer Mensch und kein reicher Mensch ist, wie er selbst zu sein glaubt. Gerade diese Armut aber ist die Voraussetzung, seinem inneren Reichtum zur Geburt zu verhelfen.

Worin besteht dieser Akt des Gebärens? Es ist der aktive, nicht-entfremdete Ausdruck der Fähigkeit des Menschen in bezug auf die jeweiligen Gegenstände. „Jedes seiner *menschlichen* Verhältnisse zur Welt, Sehen, Hören, Riechen, Schmecken, Fühlen, Denken, Anschauen, Empfinden, Wollen, Tätigsein, Lieben, kurz alle Organe seiner Individualität ... sind in ihrem *gegenständlichen* Verhalten oder in ihrem *Verhalten zum Gegenstand* die Aneignung desselben. Die Aneignung der menschlichen Wirklichkeit..." (MEGA I, 3, S. 118 – MEW Erg. I., S. 539f.)

Dies ist die Form der Aneignung in der Existenzweise des Seins, nicht in der des Habens. Marx drückte diese Form der nicht-entfremdeten Aktivität in folgendem Passus aus: „Setze den *Menschen als Menschen* und sein Verhältnis zur Welt als ein menschliches voraus, so kannst du Liebe nur gegen Liebe austauschen, Vertrauen nur gegen Vertrauen etc. Wenn du die Kunst genießen willst, mußt du ein künstlerisch gebildeter Mensch sein; wenn du Einfluß auf andre Menschen ausüben willst, mußt du ein wirklich anregend und fördernd auf andre Menschen wirkender Mensch sein.

Jedes deiner Verhältnisse zum Menschen – und zu der Natur – muß eine *bestimmte,* dem Gegenstand deines Willens entsprechende *Äußerung* deines *wirklichen individuellen* Lebens sein. Wenn du liebst, ohne Gegenliebe hervorzurufen, das heißt, wenn dein Lieben als Lieben nicht die Gegenliebe produziert, wenn du durch eine *Lebensäußerung* als liebender Mensch dich nicht zum *geliebten* Menschen machst, so ist deine Liebe ohnmächtig, ein Unglück." *(Ökonomisch-philosophische Manuskripte (1844),* MEGA I, 3, S. 149 = MEW, Erg. I, S. 567.)

Für Marx liegt der Reichtum des menschlichen Seins in seiner Fähigkeit, seine Bedürfnisse zum Ausdruck zu bringen. Doch diese Bedürfnisse sind selbst das Produkt der Geschichte; sie sind keine angeborenen Triebe. Für das Verständnis der Bedürfnisse bei Marx ist der folgende Abschnitt wichtig:

„Die Eigentümlichkeit jeder Wesenkraft ist gerade ihr *eigentümliches Wesen,* also auch die eigentümliche Weise ihrer Vergegenständlichung, ihres *gegenständlichen Wirklichen,* lebendigen Seins. Nicht nur im Denken, sondern mit allen Sinnen wird daher der Mensch in der gegenständlichen Welt bejaht. Andrerseits und subjektiv gefaßt: Wie erst die Musik den musikalischen Sinn des Menschen erweckt, wie für das unmusikalische Ohr die schönste Musik *keinen* Sinn hat, kein Gegenstand ist, weil mein Gegenstand nur die Bestätigung einer meiner Wesenskräfte sein kann, also nur so für mich sein kann, wie meine Wesenskraft als subjektive Fähigkeit für sich ist, weil der Sinn eines Gegenstandes für mich (nur Sinn für einen ihm entsprechenden Sinn hat) grade so weit geht, als *mein* Sinn geht, darum sind die *Sinne* des gesellschaftlichen Menschen andre Sinne wie die des ungesellschaftlichen; erst durch den gegenständlich entfalteten Reichtum des menschlichen Wesens wird der Reichtum der subjektiven *menschlichen* Sinnlichkeit, wird ein musikalisches Ohr, ein Auge für die Schönheit der Form, kurz, werden erst menschlicher Genüsse fähige Sinne, Sinne, welche als *menschliche* Wesenskräfte sich bestätigen, teils erst ausgebildet, teils erst erzeugt. Denn nicht nur die fünf Sinne, sondern auch die sogenannten geistigen Sinne, die praktischen Sinne (Wille, Liebe etc.), mit einem Wort *der menschliche* Sinn, die Menschlichkeit der Sinne wird erst durch das Dasein seines Gegenstandes, durch die *vermenschlichte* Natur. Die *Bildung* der fünf Sinne ist eine Arbeit der ganzen bisherigen Weltgeschichte. Der unter dem rohen praktischen Bedürfnis befangene Sinn hat auch nur einen *bornierten* Sinn. Für den ausgehungerten Mensch existiert nicht die menschliche Form der Speise, sondern nur ihr abstraktes Dasein als Speise: eben so gut könnte sie in rohster Form vorliegen, und es ist nicht zu sagen, wodurch sich diese Nahrungstätigkeit von der *tierischen* Nahrungstätigkeit unterscheide. Der sorgenvolle, bedürftige Mensch hat keinen Sinn für das schönste Schauspiel; der Mineralienkrämer sieht nur den merkantilistischen Wert, aber nicht die Schönheit und eigentümliche Natur des Minerals; er hat keinen mineralogischen Sinn; also die Vergegenständlichung des menschlichen Wesens, sowohl in theoretischer als praktischer Hinsicht, gehörte dazu, sowohl um den *Sinn* des Menschen *menschlich zu* machen, als um für den ganzen Reichtum des menschlichen und natürlichen Wesens entsprechenden *menschlichen* Sinn zu schaffen." (K. Marx, *Ökonomisch-philosophische Manuskripte (1844)*, MEGA I, 3, S. 119f. = MEW Erg. I, S. 541.)

Marx kritisiert die politischen Ökonomie: „Sie vergißt, daß die Produktion von zu viel Nützlichem zu viel *unnütze* Population produziert (und) ... daß Verschwendung und Ersparung, Luxus und Entblößung, Reichtum und Armut gleich sind" (a.a.O., MEGA I, 3, S. 131 = MEW, Erg. I, S. 550). Für Marx bedeuten Reichtum und Armut genau das Gegenteil von dem, was sie in der klassischen Politischen Ökonomie und im gewöhnlichen Sprachgebrauch bedeuten. „...an die Stelle des nationalökonomischen *Reichtums* und *Elendes* (tritt) der *reiche Mensch* und das reiche *menschliche* Bedürfnis. Der reiche Mensch ist zugleich der einer Totalität einer menschlichen Lebensäußerung *bedürftige* Mensch. Der Mensch, in dem seine eigne Verwirklichung, als innere Notwendigkeit, als *Not* existiert. Nicht nur der *Reichtum*, auch die *Armut* des Menschen erhält gleichmäßig – unter Voraussetzung des Sozialismus – eine *menschliche* und daher gesellschaftliche Bedeutung. *Sie ist das positive Band, welches dem Menschen den größten Reichtum, den anderen Menschen als Bedürfnis empfinden läßt.* [Hervorhebung E. F.] Die Herrschaft des gegenständlichen Wesens in mir, der sinnliche Ausbruch meiner Wesenstätigkeit ist die *Leidenschaft*, welche hier damit die Tätigkeit meines Wesens wird." (K. Marx, *Ökonomisch-philosophische Manuskripte (1844)*, MEGA I, 3, S. 123f. = MEW Erg. I, S. 544.)

Es geht Marx nicht um ein asketisches Ideal, das zur Folge hätte, daß man sich mit der Abschaffung des Eigentums an gar nichts mehr erfreuen könnte. Aber er glaubte auch nicht an das Ideal von möglichst viel Eigentum und Konsum für alle, das Chruschtschow einmal beifällig „Gulasch-Kommunismus" nannte. Im Gegenteil, Marx behauptete, *Armut und Luxus seien Äquivalente*. Das folgende Zitat macht sehr deutlich, daß Marx gegen die Vorstellung vom immer größeren Einkommen und Konsumieren Front machte: „Eine gewaltsame *Erhöhung des Arbeitslohns* (von allen anderen Schwierigkeiten abgesehn, abgesehn davon, daß sie als eine Anomalie auch nur gewaltsam aufrecht zu erhalten wäre) wäre also nichts als eine bessere *Salarierung der Sklaven* und hätte weder dem Arbeiter, noch der Arbeit ihre menschliche Bestimmung und Würde erobert. Ja selbst die *Gleichheit der Saläre*, wie sie Proudhon fordert, verwandelt nur das Verhältnis des jetzigen Arbeiters zu seiner Arbeit in das Verhältnis aller Menschen zur Arbeit. Die Gesellschaft wird dann als abstrakter Kapitalist gefaßt." *(Ökonomisch-philosophische Manuskripte (1844)*, MEGA I, 3, S. 92 = MEW, Erg. I, S. 520f.) Das zentrale Thema bei Marx ist die Verwandlung von entfremdeter, bedeutungsloser Arbeit in produktive, freie Arbeit, und nicht die bessere Bezahlung entfremdeter Arbeit durch einen privaten oder staatlichen Kapitalismus.

Arbeiterführer der Gegenwart, von George Meany bis Leonid Breschnew, widersetzen sich dem, indem sie auf die *Bedürfnisse* des Arbeiters verweisen, deren Befriedigung sein natürliches Recht sei. Die Kapitalisten pflichten dem im Prinzip bei, mit dem Unterschied, daß die Befriedigung dieser Bedürfnisse so zu lenken sei, daß der Kapitalist davon profitieren kann. Marx wandte sich gegen alle derartigen Argumentationen bezüglich der menschlichen Bedürfnisse. Nicht nur, daß er zwischen echten und künstlich erzeugten Bedürfnissen unterschied; weit wichtiger ist seine Erkenntnis, daß wachsende Bedürfnisse den Menschen immer noch mehr versklaven und entmenschlichen.

Was die Abhängigkeit des Menschen von nicht wesentlichen Bedürfnissen betrifft, das heißt von Bedürfnissen, die nicht in den Wesenskräften des Menschen wurzeln, so hat Marx diese zu einer Zeit bereits mit großer Klarheit erkannt, als sie noch nicht so offensichtlich war wie heute. Das folgende Zitat von Marx zeigt treffend, wie nach Marx ein „entfremdetes Bedürfnis" genau wie entfremdetes Eigentum den Menschen zum Krüppel und abhängig macht:

„Jeder Mensch spekuliert darauf, dem andern ein *neues* Bedürfnis zu schaffen, um ihn zu einem neuen Opfer zu zwingen, um ihn in eine neue Abhängigkeit zu versetzen und ihn zu einer neuen Weise des *Genusses* und damit des ökonomischen Ruins zu verleiten. Jeder sucht eine *fremde* Wesenskraft über den andern zu schaffen, um darin die Befriedigung seines eignen eigennützigen Bedürfnisses zu finden. Mit der Masse der Gegenstände wächst daher das Reich der fremden Wesen, denen der Mensch unterjocht ist, und jedes neue Produkt ist eine neue *Potenz* des wechselseitigen Betrugs und der wechselseitigen Ausplünderung. Der Mensch wird um so ärmer als Mensch, er bedarf um so mehr des *Geldes*, um sich des feindlichen Wesens zu bemächtigen, und die Macht seines *Geldes* fällt grade in umgekehrtem Verhältnis als die Masse der Produktion, d. h. seine Bedürftigkeit wächst, wie die Macht des Geldes zunimmt. – Das Bedürfnis des Geldes ist daher das wahre, von der Nationalökonomie produzierte Bedürfnis und das einzige Bedürfnis, das sie produziert. – Die *Quantität* des Geldes wird immer mehr seine einzige mächtige Eigenschaft; wie es alles Wesen auf seine Abstraktion reduzierte, so reduziert es sich in seiner eignen Bewegung als *quantitatives* Wesen. Die *Maßlosigkeit* und *Unmäßigkeit* wird sein wahres Maß. – Subjektiv selbst erscheint dies so, teils daß die Ausdehnung der Produkte und der Bedürfnisse zum *erfinderischen* und stets *kalkulierenden* Sklaven unmenschlicher, raffinierter, unnatürlicher und *eingebildeter* Gerüste wird – das Privateigentum weiß das rohe Bedürfnis nicht zum menschlichen Bedürfnis zu machen; sein *Idealismus* ist die *Einbildung*, die *Willkür*, die *Laune*, und ein Eunuche schmeichelt nicht niederträchtiger seinem Despoten und sucht durch keine infameren Mittel seine abgestumpfte Genußfähigkeit zu irritieren, um sich selbst eine Gunst zu erschleichen, wie der Industrieeunuche, der Produzent, um sich Silberpfennige zu erschleichen, aus der Tasche des christlich geliebten Nachbarn die Goldvögel herauszulokken. (Jedes Produkt ist ein Köder, womit man das Wesen des andern, sein Geld, an sich locken will, jedes wirkliche oder mögliche Bedürfnis ist eine Schwachheit, die die Fliege an die Leimstange heranführen wird – allgemeine Ausbeutung des gemeinschaftlichen menschlichen Wesens." *(Ökonomisch-philosophische Manuskripte (1844)*, MEGA I, 3, S. 127f. = MEW, Erg. I, S. 546f.)

Marx hätte kaum deutlicher sprechen können. Das Zitat zeigt die unüberbrückbare Kluft zwischen dem Verständnis von Fortschritt, das Marx hat und das die Kapitalisten wie die sowjetischen Sozialisten haben. Letztere definieren Fortschritt als das größte Glück (lies: unbegrenzten Konsum) für jeden. Deshalb betonen beide Systeme, daß sie einen uneingeschränktem Konsum ermöglichen. Marx hingegen sieht in einem solchen Fortschritt eine große Gefahr: die zunehmende Abhängigkeit. Je mehr die Bedürfnisse des Menschen zunehmen, desto abhängiger wird er. Aber wovon abhängig? In erster Linie werden die Menschen von jenen abhängig, die diese Bedürfnisse erzeugen und gleichzeitig die dazugehörenden Befriedigungen verkaufen. Zum anderen gilt: Je mehr die Bedürfnisse und die Befriedigungen zunehmen, desto ärmer wird der Mensch als Mensch und desto abhängiger von der Befriedigung seines entarteten, unmenschlichen, imaginären Appetits, bis er schließlich zu einer „selbsttätigen Ware" wird *(Ökonomisch-philosophische Manuskripte (1844)*, MEGA I, 3, S. 98 = MEW, Erg. I, S. 524).

Mit diesen Äußerungen rührt Marx an eine entscheidende Frage, deren Erörterung heute erst richtig beginnt: Sollen wir nach immer mehr Produktion und Konsum streben, das heißt nach Reichtum und Luxus, oder sollen wir Produktion und Konsum auf menschliche Proportionen beschränken, das heißt auf ein Niveau, auf dem sie nicht zur Faulheit und Entfremdung des Menschen beitragen, sondern seine Fähigkeit fördern, seine eigenen Kräfte produktiv zu nutzen. Die Frage ist, kurz gesagt, ob der Fortschritt im *Mehr-Haben* oder im *Mehr-Sein* liegt. Die Antwort von Marx ist eindeutig und gründet auf die genannte Einsicht in das gegenwärtige System zunehmender Bedürfniserzeugung und Bedürfnisbefriedigung.

Marx hat den Geist des Habens, der den Kapitalismus seiner Zeit bestimmte, einen Geist der „Askese" genannt: „Die Nationalökonomie, diese Wissenschaft des *Reichtums*, ist daher zugleich die Wissenschaft des Entsagens, des Darbens, der *Ersparung*, und sie kömmt wirklich dazu, dem

Menschen sogar das *Bedürfnis* einer reinen *Luft* oder der physischen *Bewegung* zu *ersparen*. Diese Wissenschaft der wunderbaren Industrie ist zugleich die Wissenschaft der *Askese*, und ihr wahres Ideal ist der asketische, aber wuchernde Geizhals und der asketische, aber produzierende Sklave. Ihr moralisches Ideal ist der *Arbeiter*, der in die Sparkasse einen Teil seines Salärs bringt, und sie hat für diesen ihren Lieblingseinfall sogar eine knechtische *Kunst* vorgefunden. Man hat das sentimental aufs Theater gebracht. Sie ist daher trotz ihres weltlichen und wollüstigen Aussehens – eine wirkliche moralische Wissenschaft, die allermoralischste Wissenschaft. Die Selbstentsagung, die Entsagung des Lebens und aller menschlichen Bedürfnisse, ist ihr Hauptlehrsatz. Je weniger du ißt, trinkst, Bücher kaufst, in das Theater, auf den Ball, zum Wirtshaus gehst, denkst, liebst, theoretisierst, singst, malst, fichtest etc., um so [mehr] sparst du, um so *größer* wird dein Schatz, den weder Motten noch Staub fressen, dein *Kapital*." (*Ökonomisch-philosophische Manuskripte (1844)*, MEGA I, 3, S. 129f. = MEW, Erg. I, S. 548.)

Was versteht Marx unter „Sein"? Die allgemeinste Eigenschaft des Seins ist „die freie bewußte Tätigkeit", die der „Gattungscharakter des Menschen" sei (a. a. O., MEGA I, 3, A. 88 = MEW, Erg. I, S. 517). Die Qualifizierung „frei" und „bewußt" zeigt an, daß Marx den Begriff „Tätigkeit" anders als im heutigen Sprachgebrauch versteht; heute bedeutet tätig sein, daß man „etwas tut", was immer dies auch sein mag. Eine solche Tätigkeit kann – um ein extremes Beispiel zu geben – die Aktivität eines zwanghaften Menschen sein, der stundenlang in seinem Raum immer genau drei Schritte vor und drei Schritte zurück geht. Oder – um ein weniger extremes, aber auch weniger offensichtliches Beispiel zu nennen – wenn ein Angestellter über bedeutungslose Ereignisse Berichte schreiben muß, nur damit diese von einem Zweiten gelesen und von einem Dritten abgeheftet werden, dann ist er tätig, nur damit etwas getan wird.

Das Verständnis von Tätigkeit bei Marx steht in der aristotelisch-scholastischen Tradition. Für Aristoteles ist „das oberste erreichbare Gut ... ein Tätigsein der Seele im Sinne der ihr wesenhaften Tüchtigkeit" (*Nikomachische Ethik*, I, 6). Deshalb kann die Kontemplation die höchste Form von Tätigkeit sein. „Freie" und bewußte Tätigkeit bedeutet, daß der Betreffende auch der Autor seiner Tätigkeit ist, er also nicht auf Grund eines inneren oder äußeren Zwanges tätig ist. „Bewußte" Tätigkeit bedeutet, daß das Subjekt weiß, was es tut und nicht von Kräften, die hinter seinem Rücken wirken, angetrieben wird. Mit „Gattungscharakter" kennzeichnet Marx den Menschen, der nicht egoistisch ist, sondern auf andere bezogen ist und sich mit ihnen solidarisch fühlt.

Marx hat noch weitere Beschreibungen der „freien und bewußten Tätigkeit" gegeben (vgl. *Ökonomisch-philosophische Manuskripte (1844)*, MEGA I, 3, S. 119f. und S. 149). Seine zentrale Aussage lautet, die freie und bewußte Tätigkeit zeigt sich darin, daß sie der tätig-produktive Gebrauch der wirklichen – nicht der eingebildeten – Fähigkeiten und Kräfte des Menschen ist – der „Wesenskräfte", wie Marx sagt, weil sie zum Wesen des Menschen gehören. Diese Kräfte werden zum Leben gebracht und gegenüber jenen Gegenständen ausgedrückt, die Empfänger ihres eigentlichen Wesens sein können.

Der Mensch braucht nach Marx einen Gegenstand, um seine Wesenskräfte ausdrücken zu können. Diese nämlich besitzen die dynamische Eigenschaft, nach einem Gegenstand streben zu müssen, zu dem sie in Beziehung treten und mit dem sie sich vereinigen können. *Die Dynamik der Natur des Menschen wurzelt in erster Linie in diesem Bedürfnis des Menschen, seine Fähigkeiten der Welt gegenüber zum Ausdruck zu bringen, und nicht in seinem Bedürfnis, die Welt als Mittel zur Befriedigung seiner physiologischen Bedürfnisse zu gebrauchen.* Marx sagt, weil ich Augen habe, habe ich das

Bedürfnis zu sehen; weil ich Ohren habe, habe ich das Bedürfnis zu hören; weil ich ein Gehirn habe, habe ich das Bedürfnis zu denken; und weil ich ein Herz habe, habe ich das Bedürfnis zu fühlen. Kurzum: Weil ich ein Mensch bin, brauche ich den Menschen und die Welt. [Vgl. auch E. Fromm, 1968h, GA V, S. 424.] Wo dies geschieht, wird die Trennung zwischen Subjekt und Objekt aufgehoben; beide werden durch das Band des menschlichen tätigen Bezogenseins auf den Gegenstand vereinigt.

Nur vor diesem Hintergrund lassen sich die Aussagen von Marx zum „verkrüppelten Menschen“, von „des Menschen Rückkehr für sich“ und vom „reichen Menschen“ verstehen. Im *Kapital* spricht Marx vom „verkrüppelten“ Arbeiter, dem „Teilindividuum“ und „bloßen Träger einer gesellschaftlichen Detailfunktion“ (MEW, Band 1, S. 512). Diese Kennzeichnung impliziert den nicht verkrüppelten, „total entwickelten“ (a. a. O.) Arbeiter, der sein volles Menschsein wiederhergestellt hat. In diesem Sinne kann Marx auch vom (Kommunismus als dem) letzten Ziel sprechen, bei dem es zur „Rückkehr des Menschen für sich als eines *gesellschaftlichen*, das heißt menschlichen Menschen“ kommt, „als vollständige, bewußt und innerhalb des ganzen Reichtums der bisherigen Entwicklung gewordne Rückkehr“ *(Ökonomisch-philosophische Manuskripte (1844)*, MEGA I, 3, S. 114 = MEW Erg. I, S. 536).

Unter den besonderen Manifestationen der „freien bewußten Tätigkeit“ nimmt das *Lieben* einen hervorgehobenen Platz ein. In seiner Polemik gegen Edgar Bauer, der von der Liebe als einer „grausamen Göttin“ gesprochen hatte, argumentiert Marx, daß Bauer „aus dem *liebenden Menschen*, aus der Liebe *des Menschen* den Menschen *der Liebe* gemacht“ habe, indem er „die ‚Liebe‘ als ein apartes Wesen vom Menschen lostrennt und als solches verselbständigt“ – die Liebe, „die den Menschen erst wahrhaft an die gegenständliche Welt außer ihm glauben lehrt, die nicht nur den (anderen)

Menschen zum Gegenstand, sondern sogar den nichtmenschlichen) Gegenstand zum Menschen macht!" *(Die heilige Familie*, MEGA I, 3, S. 190f. = MEW 2, S. 21f.) – Diese Vorstellung ist sehr bedeutsam: Nicht nur die gesellschaftlichen Bindungen werden durch die Liebe begründet, auch der Glaube an die Realität der Welt außerhalb von uns gründet sich auf unserer Liebesqualität.

Doch, so fährt Marx fort, Bauer greift nicht nur die Liebe als eine menschliche Tätigkeit an, sondern mit ihr „alles Lebendige, alles Unmittelbare, alle sinnliche Erfahrung, alle *wirkliche* Erfahrung überhaupt, von der man nie vorher weiß ‚Woher' und ‚Wohin'" (a.a.O., MEGA I, 3, 193 = MEW 2, S. 24). Die Formulierung „alles Lebendige" ist ein Schlüsselwort für die Vorstellungen von Marx zur Orientierung am Sein. *Das Sein bezieht sich auf das Leben* und das Gegenwärtige, das *Haben auf das Tote* und die Vergangenheit. Hinter den angeblich rein ökonomischen Begriffen *Kapital* und *Arbeit* stehen anthropologische Vorstellungen, die dem Kampf zwischen Kapital und Arbeit erst ihren spirituellen, leidenschaftlichen Charakter geben.

Solche Behauptungen sind keineswegs theoretische Spekulationen; vielmehr hat dies Marx – und zwar nicht der junge Marx, sondern der Marx des *Kapitals* – ganz ausdrücklich gesagt. „Das Kapital ist verstorbne Arbeit, die sich nur vampyrmäßig belebt durch Einsaugung lebendiger Arbeit und um so mehr lebt, je mehr sie davon einsaugt." *(Das Kapital*, MEW, Band 1, S. 247.) Im *Manifest der kommunistischen Partei (1848)* bringt Marx die Alternative zwischen Kapitalismus und Kommunismus auf folgenden Begriff: „In der bürgerlichen Gesellschaft herrscht also die Vergangenheit über die Gegenwart, in der kommunistischen die Gegenwart über die Vergangenheit. In der bürgerlichen Gesellschaft ist das Kapital selbständig und persönlich, während das tätige Individuum unselbständig und unpersönlich ist." (MEGA I, 6, S. 540.)

Leben und Totes, Vergangenes und Gegenwärtiges, freie Tätigkeit und unfreie Tätigkeit, Arbeit und Kapital, Unabhängigkeit und Unterwerfung, Wachstum und Verkrüppelung – dies alles sind verschiedene Aspekte der grundlegenden Dichotomie von Sein und Haben bei Marx, die ein Eckstein seines ganzen Systems ist. Das Verständnis von Haben und Sein bei Marx ist in dem Satz zusammengefaßt: „Je weniger du *bist*, je weniger du dein Leben äußerst, um so mehr *hast* du, um so größer ist dein *entäußertes* Leben, um so mehr speicherst du auf von deinem entfremdeten Wesen. Alles, was dir der Nationalökonom an Leben nimmt und an Menschheit, das alles ersetzt er dir in *Geld* und *Reichtum*, und alles das, was du nicht kannst, das kann dein Geld: es kann essen, trinken, auf den Ball, ins Theater gehn, es weiß sich die Kunst, die Gelehrsamkeit, die historischen Seltenheiten, die politische Macht, es kann reisen, es *kann* dir das alles aneignen; es kann das alles kaufen; es ist das wahre *Vermögen*. Aber es, was all dies ist, es *mag* nichts als sich selbst schaffen, sich selbst kaufen, denn alles andre ist ja sein Knecht, und wenn ich den Herrn habe, habe ich den Knecht und brauche ich seinen Knecht nicht. Alle Leidenschaften und alle Tätigkeit muß also untergehn in der *Habsucht*. Der Arbeiter darf nur so viel haben, daß er leben will, und darf nur leben wollen, um zu haben." *(Ökonomisch-philosophische Manuskripte (1844)*, MEGA I, 3, S. 130 = MEW Erg. I, S. 549f.)

3. Das gemeinsame „religiöse" Anliegen

a) Die Tradition der Mystik

Wenn Marx von einem „Sinn des Habens" (MEGA I, 3, S. 118 = MEW Erg. I, S. 539) spricht, dann meint er damit exakt dasselbe, was Eckhart „Ichgebundenheit" nennt; und wenn Marx von der Armut als Voraussetzung für das Sein spricht, dann ist sogar der begriffliche Ausdruck identisch.

Andererseits werden oft große Unterschiede gesehen, selbst wenn es solche kaum gibt. Dies trifft vor allem auf zwei Probleme zu: auf die Rolle der Rationalität und auf die weltlicher Aktivität. Man glaubt, der Mystiker Eckhart sei ein Gegner von Rationalität und weltlicher Aktivität und könne deshalb mit dem „Rationalisten" und Aktivisten Marx überhaupt nichts gemeinsam haben. Diese falsche Darstellung beruht auf einem populären und beinahe universellen Mißverständnis dessen, was Mystik überhaupt und was die Mystik Eckharts im besonderen ist.

Mystik wird mehr oder weniger mit „Mystifizierung" identifiziert; man nimmt an, daß die Mystik an einem Mangel an rationaler Klarheit leide und mit Gefühlen und frommer Verzückung zu tun habe. Mit Mystik verbindet man außerdem eine Flucht vor der gesellschaftlichen Realität, weltliche Passivität und einen Zustand andauernder mystischer Kontemplation. Zweifellos gibt es Mystiker, auf die diese Beschreibung mehr oder weniger zutrifft, auf Eckhart und auf einige andere Mystiker – wie den Autor der „Wolke des Nicht-Wissens" und auf Pseudo-Dionysius Areopagita – trifft sie ganz und gar nicht zu. Um die Mystik Eckharts wirklich zu verstehen, möchte ich den Leser bitten, mir bei einem Exkurs zu folgen, der bei aller unangemessenen Kürze dennoch zu einem besseren Verständnis von Eckhart verhelfen soll.

Das klassische Judentum und in seiner Folge auch das Christentum und der Islam sind monotheistische Religionen. Sie beten im Unterschied zu den Heiden, die viele Götter haben, den *Einen Gott* an. Der Unterschied zwischen dem Einen und den vielen Göttern ist aber kein quantitativer, sondern ein qualitativer. Der Eine ist das oberste Prinzip der Erkenntnis und der Ethik. Die Idee des Einen entstand nicht nur im Nahen Osten, sondern auch in Indien und China und dort oft in einer reineren Form als im Begriff des Einen Gottes.

Mir scheint die Annahme durchaus vernünftig, daß an einem bestimmten Punkt der menschlichen Entwicklung – zu dem Zeitpunkt nämlich, als er die primären Bindungen, die ihn zu einem Teil des Bodens und seines Stammes machten, weitgehend durchtrennt hatte und die Individuation zu einem ersten Höhepunkt kam – der Mensch sich seiner selbst immer mehr als einer individuellen Größe bewußt werden mußte und daß er mit der Mannigfaltigkeit von Phänomenen, die ihm als „Nicht-Ich“ gegenüberstanden, konfrontiert war. In der Folge dieses Bewußtwerdens mußte sich ein logisches Bedürfnis entwickeln, das zwischen der Erscheinungswelt, der Welt der Vielen, ein anderes Prinzip unterschied, das der Erscheinungswelt gegenüberstand, nämlich das Prinzip des Einen oder des Nichts, um nicht von dem trügerischen Erscheinungsbild der Vielfalt der Dinge überwältigt zu werden.

Die gleiche Erfahrung muß der Mensch auch mit sich selbst gemacht haben. Am gleichen ersten Höhepunkt seiner Individuation wurden die Gesetze und Normen seiner Primärgruppe immer wirkungsloser, so daß er von der Vielfalt seiner Wünsche und Begierden überwältigt war. Je mehr Einwände er erfand, desto mehr Wünsche wurden wachgerufen. Hätte er in sich nicht die Idee des Einen entwickeln und sich selbst als das Objekt von Wünschen und Handlungen erleben und eine Vorstellung seines Selbst oder Ichs bilden können, wäre er ein hilfloses Bündel von Wünschen geworden. Die Suche nach einem Prinzip des Einen als eines regulativen Prinzips der Wahrnehmung und der Selbsterfahrung wurde deshalb zu einer Notwendigkeit, wollte der Mensch nicht zu einem hilflosen Gegenstand von Dingen und seiner Sinne werden. Ich möchte hier anmerken, daß der Prozeß der Individuation in verschiedenen Stufen vor sich geht. Die erste Stufe ist das Auftauchen des Menschen aus dem Tierreich (wie ich sie zum Beispiel in *Anatomie der menschlichen Destruktivität*, 1973a, beschrieben habe). Die zweite Stufe fand an einem bestimmten Punkt in der

Kultur des Nahen Ostens statt; sie begann im neolithischen Zeitalter (9000 v. Chr.) und führte zu den hochentwickelten Kulturen des zweiten und ersten Jahrtausends vor Christus. Die nächste Stufe fand an der Wende von der mittelalterlichen zur industriellen Kultur statt. (Diese habe ich in *Die Furcht vor der Freiheit*, 1941 a, beschrieben.)

In Indien läßt sich das Prinzip des Einen in den frühesten Teilen der Upanishaden nachweisen [800 bis 600 v. Chr.]. Das Brahman ist dort das Prinzip des Einen im Universum und korrespondiert mit Atman, dem Prinzip des Einen im Menschen. Dieses Eine ist nicht jemand oder etwas; es transzendiert alles Sein. Es hat keinen anderen Namen als den, daß es kein Etwas ist. Als oberstes Prinzip der Welt wird es oft als *neti* definiert. *Neti* bedeutet, daß es nicht dieses und nicht das ist. (Daneben finden wir in den Upanishaden auch Vorstellungen von Brahman als dem Höchsten Vater, womit sie sich nur wenig von der Sprache des Alten Testaments unterscheiden.)

Im Mahajana-Buddhismus ist die höchste Wahrheit absolute Leere, die man nur andeuten kann über das, was *nicht* ist. Im indischen Denken liegen deshalb auch die Ursprünge der negativen Theologie.

Im chinesischen Denken läßt sich die gleiche Vorstellung im Taoismus finden. Der Tao-Te-ching (Lao-Tse, 1967) beginnt mit dem Satz:

> „Könnten wir weisen den Weg,
> Es wäre kein ewiger Weg.
> Könnten wir nennen den Namen,
> Es wäre kein ewiger Name.
> Was ohne Namen,
> Ist Anfang von Himmel und Erde."

Im Zen-Buddhismus gibt es zahlreiche Formulierungen, die die Unfaßbarkeit des höchsten Prinzips ausdrücken. Der Zen verfolgt überhaupt das Ziel, jeden Versuch, das Höchste mit Hilfe der diskursiven Intelligenz zu verstehen, zu zerschlagen. (Vgl. die Schriften von Daisetz T. Suzuki über Zen-Buddhismus, die bei weitem die beste Quelle darstellen, um die grundlegenden Vorstellungen des Zen-Buddhismus zu verstehen. Gerade wegen des authentischen Charakters von Suzukis Büchern erfordern sie vom Leser mehr Anstrengung als eine Reihe anderer, weniger authentischer und „leichter" lesbarer Bücher.)

Im Nahen Osten fand die Vorstellung vom Einen im Symbol Gottes als des höchsten Königs ihren Ausdruck. Dies war eine historische Notwendigkeit. In den kleinen Ländern nämlich herrschten orientalische Despoten, die für sich göttliche Macht beanspruchten. Deshalb mußte die Vorstellung vom höchsten Prinzip, des Einen, im Symbol des höchsten Königs, des „Königs der Könige" formuliert werden. Unzweifelhaft war dieser Gott von allen Götzen unterschieden: Er hatte keinen Namen, und es war nicht erlaubt und möglich, sich ein Bild von ihm zu machen. Wie ich in *Ihr werdet sein wie Gott* gezeigt habe, machte Gott dem Moses ein Zugeständnis, als dieser argumentierte, man werde ihm nicht glauben, wenn Gott seinen Namen nicht mitteile; doch auch der Name selbst drückt ein Sein in der Form des Imperfekts aus, das heißt als einen Prozeß und nicht als einen Gegenstand, so daß die Nennung des Namen Gottes [Ex 3,14] am besten mit „Mein Name ist Namenlos" zu übersetzen ist (vgl. E. Fromm, 1966a, GA VI, S. 101f.).

Trotz solcher Vorsichtsmaßregeln führte die Symbolisierung Gottes als eines Königs zur Anthopomorphisierung und Idolisierung des Gottesbegriffs. Diese Gefahr war um so größer, als die Vorstellung Gottes von der Kirche im europäischen Mittelalter weiterentwickelt wurde. Deren gesellschaftliche Struktur aber wurde von Kaisern, Päpsten und Feudalherren, die die beherrschenden Größen waren, dominiert. So verkam das *Symbol* „Gott", das für das Eine und den höchsten Wert stand, zur vorgestellten *Realität* eines Königs der Könige, der die Herrscher und ihre Untergebenen vom höchsten Himmelsthron aus beherrschte.

So sehr diese Idolisierung Gottes die Vorstellungen der Massen und jener Führer, die wie die Masse dachten, beherrschte, gab es doch immer Denker und (gewöhnlich revolutionäre) Gruppierungen, die die reine Vorstellung vom Einen von den „unreinen", autoritären und idolisierenden Beimengungen, die es überwuchert und entstellt hatten, befreien wollten. Die Geschichte des Judentums und Christentums kann als ein fortgesetztes Bemühen charakterisiert werden, die Vorstellung von Gott in ihrer ursprünglichen Bedeutung zu erhalten.

Die „negative Theologie" stellt eine wichtige Manifestation dieses Bemühens dar. Ihren radikalsten Ausdruck fand sie in der Mystik und vermutlich nirgends sonst kühner als in Eckharts Denken.

Eckhart widersetzte sich sämtlichen anthropomorphen Beimengungen des Gottesbegriffs, indem er diesem den Begriff der Gottheit, der mit dem Einen bzw. Nichts des östlichen Denkens identisch ist, gegenüberstellte. Für das Denken seiner Zeit war eine Vorstellung, „daß da gar kein Gott ist", undenkbar. Indem Eckhart aber an die Stelle des Schöpfergottes als der höchsten Macht die „Gottheit" setzt, konnte er die Vorstellung vom Einen in ihrer ganzen Reinheit zum Ausdruck bringen.

Betrachtet man die befreiende Funktion von Eckharts Mystik und sein unbeirrtes Bestehen auf Unabhängigkeit, fällt es leichter, das andere Klischee von Mystik, „irrational" und „gegen die Vernunft gerichtet" zu sein, zu korrigieren.

„Wäre keine Gutheit an Gott, so würde mein Wille ihn nicht wollen... Nicht davon bin ich selig, daß Gott gut ist. Ich will (auch) niemals danach begehren, daß Gott mich selig mache mit seiner Gutheit, denn das vermöchte er gar nicht zu tun. *Davon allein bin ich selig, daß Gott vernünftig ist und ich dies erkenne. ... Vernunft* ist der Tempel Gottes. Nirgends wohnt Gott eigentlicher als in seinem Tempel, in der Vernunft," (Predigt *Quasi stella matutina,* Meister Eckhart, 1969, S. 198f. und S. 197; Hervorhebung E. F.)

Es ließen sich noch viele andere Äußerungen Eckharts hinzufügen, die ebenso deutlich zeigen, daß für Eckhart gilt: Gott *ist* Vernunft, nicht einmal Liebe und Gutheit, und daß des Menschen größte Fähigkeit die Vernunft ist. Die Mystik mit ihrer radikalen Ablehnung jeder Art von Gedanken und Bildern *über* Gott stand mit der Rationalität nicht im Konflikt. Niemand hat dies mit größerer Klarheit erkannt als Albert Schweitzer, der sagte, die Mystik sei die letzte Konsequenz des Rationalismus. Hinsichtlich der Unterstellung, Eckhart sei ein weltfremder, von der Gesellschaft zurückgezogen lebender Mensch gewesen, der den ganzen Tag über nur meditierte, gibt es viele Äußerungen in Eckharts Predigten, die ein solches Bild eindeutig widerlegen. Eine der deutlichsten Aussagen zur Aktivität des Menschen findet sich in Eckharts Beschreibung des Gerechten. Es gibt nur wenige Gerechte auf der Erde, aber es gibt sie.

Josef Quint faßt die Äußerungen Eckharts wie folgt zusammen: „Und so sind sie denn schwer zu erkennen, diese Gerechten und Vollkommenen Meister Eckharts: Wenn es ihnen Bedürfnis ist, so essen sie, während andere Leute (jene, die an die Wirksamkeit guter und heiliger Werke glauben) fasten; sie schlafen, wenn andere wachen; sie schweigen, wenn andere beten: kurz gesagt, alle ihre Worte und Werke sind von der Menge unbegriffen, denn diese Gerechten wissen, daß alle diejenigen, die viel fasten und wachen und große (heilige) Werke verrichten, ohne dabei ihre Fehler und ihren Lebenswandel zu bessern, sich selber betrügen und des Teufels Spott sind. An einem aber sind diese Gerechten für jedermann untrüglich zu erkennen: an ihrem Verhalten zum Nächsten, zur Gemeinschaft. Niemals entziehen sie sich der sozial-ethischen Pflicht und Tat. Denn so, wie ein solcher Gerechter in der Wiedergeburt das kleine ichbefangene Menschenindividuum Konrad und Heinrich abgelegt und mit dem Logos-Christus die ganze Menschheit, die umfassende Menschennatur angenommen hat, so kann man füglich sagen: dieser Mensch ist alle Menschen; er hat die Schranken des Ich und der Selbstgenügsamkeit durchbrochen, er kennt die Eigensucht, das Kernlaster dieser Welt, nicht mehr; die Ehre seines Nächsten, seine Freuden und seine Nöte sind seine eigenen." (J. Quint, 1969, S. 42f.)

„Den *wesentlichen* Menschen, den Gerechten zu *wesentlichem* Werk in einer zu ihrem *wesentlichen* Sein entbundenen Welt freizumachen, auf daß dieser Mensch ein tätig-nützlicher Diener der Gemeinschaft werde, das ist Eckharts mit echt deutscher Gründlichkeit, mit unbeirrbarer leidenschaftlicher Entschlossenheit allen Widerständen zum Trotz ein langes Kämpferleben hindurch betätigtes Bemühen." (J. Quint, 1969, S. 50.) Wendet man diese Beschreibung von Eckharts Zielsetzung auf die Ansichten an, die Marx in den *Ökonomisch-philosophischen Manuskripten* äußert, kann man den Vorstellungen von Marx kaum unrecht tun. Mit einer solchen Behauptung übersehe ich natürlich nicht die Tatsache, daß sich Marx vor allem mit der Frage befaßte, *wie* die Welt dazu befreit werden könnte, in ihrem „wesentlichen Sein" zu leben, und daß diese Frage nach den wirtschaftlichen und gesellschaftlichen Bedingungen für ein wesentliches Sein nicht im Bereich von Eckharts Vision lag. So sehr auch Marx sich auf die ökonomische Analyse konzentrierte, seine Ansichten widersprechen nicht Eckharts Auffassung vom sozialen, altruistischen, aktiven Menschen, sondern setzen diese Auffassung voraus.

b) Die atheistische Religiosität

Eckharts mystische Theologie ist ein Schritt im geschichtlichen Prozeß der Befreiung des Gottesbildes von seinen anthropomorphen autoritären Beimengungen. Mit dem Anwachsen der Bedeutung der Naturwissenschaften und der Technik, und mit dem Aufkommen eines neuen Individualismus und schließlich mit dem anti-autoritären Trend, der in der Französischen Revolution zum Höhepunkt kam, wurde das überbrachte Gottesbild immer verwundbarer. Um die Wunder der Schöpfung zu erklären, bedurfte man keines Gottes mehr. Auch brauchte man ihn immer weniger als Urquelle des Ethischen. Mit der Entwicklung des Kapitalismus und der Wirtschaftsbeziehungen wurde der wichtigste Bereich ethischen Verhaltens vom Menschen abgetrennt. Das wirtschaftliche Verhalten war nicht mehr Teil der Moral, sondern wurde ausschließlich durch die Gesetze der Wirtschaft bestimmt. Die klassische Ökonomie machte sich vom Willen des Menschen, von seinen Absichten und ethischen Normen unabhängig. Die Wirtschaft hat ihre eigenen Gesetze, nach denen der Wirtschaftsprozeß seinen Lauf nimmt, während das Verhalten des Menschen von diesen Gesetzen determiniert wird.

Der „Deismus" war ein weiterer Schritt, um vom „König der Könige" loszukommen, ohne daß man das Wort „Gott" gänzlich aufgab. Man glaubte, daß Gott zwar einmal die Welt in Gang gesetzt habe, daß er danach aber aufgehört habe, in das Weltgeschehen noch einzugreifen; vielmehr habe er sie ihren eigenen Plänen überlassen – was letztendlich bedeutet, daß er sie den Gesetzen der Wirtschaft überlassen habe.

Der allmähliche Verfall der Religion führte dazu, daß die offizielle Religion, vertreten durch die Kirche, die autoritären Ideen, die die Vorstellung vom „König der Könige" enthielt, übernahm und die Religion zu einem Bollwerk der politischen und ökonomischen Reaktion wurde. Dies geschah im wesentlichen dadurch, daß die Kirche alle reaktionären Elemente in der Gesellschaft stützte. So kam es, daß alle Worte, die von der Kirche gebraucht wurden, für einen revolutionären Denker wie Marx tabu waren und der Begriff „Gott", selbst wenn er seiner autoritären Bedeutung beraubt war, in jeder Form und Gestalt zu einem unaussprechlichen Wort wurde. Aber auch Begriffe wie Liebe, Gerechtigkeit, Wahrheit bekamen diesen Tabu-Charakter, weil sie von jenen Junghegelianern benützt wurden, die vorgaben, man könne die Welt allein schon dadurch ändern, daß man das Bewußtsein des Menschen ändere. (Vgl. hierzu die Polemik von Marx und Engels in der Einleitung zu *Die deutsche Ideologie*, MEGA I, 5.)

Marx war also unter den gleichen kulturell-bedingten Pressionen wie Eckhart es war, nur gerade umgekehrt: Für Eckhart war ein Weltbild, das nicht wenigstens das Wort „Gott" enthielt, undenkbar. Für Marx war in gleicher Weise ein Weltbild, das Worte aus der Religion oder dem philosophischen Idealismus enthielt, undenkbar oder mußten doch zumindest im theoretischen Diskurs vermieden werden. Wäre Marx gegen religiöse Worte allergisch gewesen, hätte dann der Student Marx Vorlesungen über den Propheten Jesaja besucht, zumal diese die einzigen Vorlesungen in seinem Studienplan waren, die er nicht besuchen mußte? Hätte er – Jahre später – dann seiner Frau, die an Vorlesungen eines sehr liberalen Pfarrers Interesse bekundete, gesagt: „Wenn Du wirklich an Religion interessiert bist, dann lies die Propheten, statt solchen Banalitäten zuzuhören?" Marx hatte in Wirklichkeit ein großes und empathisches Verständnis für das Wesen der Religion, eine Einstellung, die vom Vulgärmarxismus völlig entstellt wurde. Diese Entstellung wird abgeleitet aus seiner Äußerung über Religion, bei der immer nur der eine, aus dem Kontext genommene Satz zitiert wird: „Religion ist das Opium des Volks." Ich zitiere nachfolgend die ganze Passage, die zeigt, wie sehr sich Marx' Einstellung zur Religion unterscheidet von dem, was mit dem „Opium-Satz" gewöhnlich auszudrücken versucht wird:

„Das religiöse Elend ist in einem der Ausdruck des wirklichen Elendes und in einem die Protestation gegen das wirkliche Elend. Die Religion ist der Seufzer der bedrängten Kreatur, das Gemüt einer herzlosen Welt, wie sie der Geist geistloser Zustände ist. Sie ist das Opium des Volks. Die Aufhebung der Religion als des illusorischen Glücks des Volkes ist die Forderung seines wirklichen Glücks. Die Forderung, die Illusionen über seinen Zustand aufzugeben, ist die Forderung, einen Zustand aufzugeben, der der Illusionen bedarf. Die Kritik der Religion ist also im Keim die Kritik des Jammertales, dessen Heiligenschein die Religion ist. Die Kritik hat die imaginären Blumen an der Kette zerpflückt, nicht damit der Mensch die phantasielose, trostlose Kette trage, sondern damit er die Kette abwerfe und die lebendige Blume breche. Die Kritik der Religion enttäuscht den Menschen, damit er denke, handle, seine Wirklichkeit gestalte wie ein enttäuschter, zu Verstand gekommener Mensch, damit er sich um sich selbst und damit um seine wirkliche Sonne bewege. Die Religion ist nur die illusorische Sonne, die sich um den Menschen bewegt, solang er sich nicht um sich selbst bewegt." (K. Marx, *Zur Kritik der Hegelschen Rechtsphilosophie,* MEGA I, 1, 1, S. 607f. = MEW 1, S. 378f.)

Marx spricht hier davon, daß der Mensch in einer herzlosen Welt leidet und daß die Religion ihn tröstet, so wie das Opium jemanden tröstet, der unter schweren Schmerzen leidet. Die Religion ist aber nur der notwendige und beste Trost für des Menschen Leiden, solange der Mensch noch nicht zu sich selbst gekommen ist und er also in einer Welt lebt, die der Illusionen bedarf, um es darin auszuhalten. Wenn Marx vom Zerpflücken der imaginären Blumen spricht, dann will er damit die Vorstellung ausdrücken, daß das Ziel des Lebens nicht ein freudloses Dahinleben ist, sondern die [wirkliche] Schönheit des Seins. Ist der Mensch in einer sozialistischen Gesellschaft erst einmal ganz zu sich selbst gekommen, dann bedarf es nach Marx keiner Religion mehr. Das Blühen des Lebens drückt sich dann in sämtlichen täglichen Lebensvollzügen aus, und nicht mehr in einem separaten und notwendig entfremdeten Sektor des Lebens: der Religion.

Mit der Rede vom neuen Menschen, der seine eigene Sonne wird (und für den also nicht mehr Gott seine Sonne ist), verwirft Marx – wie vor ihm schon Meister Eckhart – das entfremdete Idol „Gott" vollständig und setzt die Prinzipien des Humanismus wieder in Kraft, bei denen der Mensch das Maß aller Dinge ist.

Um ein weitverbreitetes Mißverständnis zu vermeiden, möchte ich eigens darauf hinweisen: Wenn der Mensch seine eigene Sonne wird, dann bedeutet dies für Marx gerade nicht, daß er den Menschen zu Gott macht, denn damit würde der Mensch nur in das gleiche entfremdete Idol transformiert, in das Gott verwandelt worden war.

Die Vergöttlichung des Menschen ist in Wirklichkeit aber das, was mit der Entwicklung des modernen Industrialismus einherging, und zwar in den letzten Jahrzehnten mit wachsender Geschwindigkeit. Seit der Mensch die Geheimnisse der Natur kennt, fühlt er, allwissend zu werden; und mit der Beherrschung der Natur will er allmächtig werden. Der Erschaffung der Natur durch Gott folgt eine Erschaffung der *zweiten* Natur durch den Menschen. Die Ablehnung Gottes hat die Erhöhung des Menschen zur Folge, mit der er die Rolle Gottes übernimmt. Dieser Vorgang ist als solcher nicht bewußt. Er hätte auch gar nicht bewußt werden können, weil die für die bürgerliche Gesellschaft tragende Moral noch immer in religiöse Vorstellungen eingebettet ist.

Was würde denn mit der zivilen Gesellschaft geschehen, wenn alles erlaubt wäre? Der überbrachte religiöse Deckmantel mußte erhalten werden, um die Wirksamkeit von Werten wie Pflicht, Loyalität, Patriotismus, Achtung des Gesetzes zu garantieren. Unterhalb dieses bewußten Deckmantels jedoch wurde der Mensch von der neuen Vision, selbst Gott zu sein, angefeuert und in Gang gehalten. Mit „Mensch" meine ich nicht das Individuum, weil dieses in Wirklichkeit seine Machtlosigkeit spürte, sondern seine Gesellschaft, genauer gesagt, den technisch fortgeschrittenen Sektor der Menschheit, die weiße Welt Europas und Nordamerikas. Dieses neue Heidentum, in dem der Mensch zu einem Götzen wurde, beinhaltet die tiefste psychologische Motivation für jene Energie und Fähigkeit, die für die Errichtung der modernen Welt der Technik unerläßlich war.

Die Vision hinter dem modernen „kapitalistischen" wie „kommunistischen" Industrialismus ist tatsächlich eine religiöse, wie alle Visionen religiös sind, die Energien für neue kreative Strukturen mobilisieren. Getrieben durch diese Vision, oder besser gesagt: trunken von ihr, realisierte der Mensch die Wunder der Technik, von denen er in früheren Zeiten geträumt hatte bzw. von denen er nie geträumt hätte. Hat ihn die Raumfahrt nicht zum Schöpfer des Universums gemacht? Hat er nicht die Grenzen des Raums gesprengt? Hat er nicht das Zeug dazu, die Struktur des Gehirns und jene Reaktionsmuster zu ändern, die mit der Erschaffung des Menschen durch Gott fixiert zu sein schienen? Sind nicht die Geheimdienste, die die privatesten Ereignisse in Bild und Ton festhalten können, genauso allwissend, wie man dies einst von Gott annahm? Der Mensch ist in der Tat auf dem Weg, Gott zu werden. Dies ist seine Antwort auf die religiöse Tradition und die Grundlage für die vollständige Aufhebung der Ethik. Allerdings muß der Mensch, um Gott werden zu können, un-menschlich werden. Auf lange Sicht muß sich der Mensch deshalb selbst zerstören, indem er sich auf dem Altar des wahren Gottes, auf den der Mensch-Gott schließlich verzichten muß, der *Technik* nämlich, opfert.

Wenn Marx wie alle radikalen Humanisten davon sprach, daß der Mensch zu seiner eigenen Sonne werden solle und daß er das Maß aller Dinge sei, dann vertrat er *nicht* die Auffassung, daß der Mensch zu einem Idol werden solle, sondern daß der Mensch, wenn er ganz Mensch wird, die höchsten Ziele realisiert, die er sich setzen kann. Hier wird eine neue Verbindung zu Eckharts Mystik erkennbar.

Eckhart sagte: der Mensch *ist* Gott, oder: Gott ist im Menschen – eine Äußerung, die eine der Hauptgründe für die Häresieanklage gegen ihn war. Doch Eckhart sprach nicht vom Gott der Bibel, vom Schöpfergott, vom Gott als Autorität. Für ihn war der Mensch die Gottheit, das Eine, das Unaussprechliche. Etwas im Wesen des Menschen ist reines Sein, wie auch das Wesen der Gottheit reines Sein ist. Das ist der Grund, warum es nicht gefaßt, beschrieben, benannt werden kann. Es ist das Eine und die Nichtheit *(no-thing)*. (Eben dies unterscheidet Eckhart auch von vielen anderen Mystikern, die von *Einheit* zwischen Mensch und Gott sprechen. Auch Eckhart spricht von der Einheit *(unio)*, doch geht er einen entscheidenden Schritt weiter; für ihn gibt es kein Bedürfnis nach Einheit, da Mensch und Gott bereits schon eins sind.)

Abgesehen von der Begrifflichkeit gibt es aber dennoch einen kleinen Unterschied zwischen Eckharts atheistischer Mystik und Marx's Vorstellung vom Menschen, der sich selbst das höchste Wesen ist. Beide sind zwar atheistisch, beide sprechen sich gegen die Vergöttlichung des Menschen aus; für beide gilt, daß die Vollendung des Menschen in der Entfaltung seiner Wesenskräfte als eines Selbstzwecks liegt: Doch war Eckhart ein atheistischer Mystiker, der sich in der Sprache der Theologie verständlich machte, war Marx ein atheistischer Mystiker, der sich in der Sprache der Philosophie nach Hegel mitteilte. Sie sprachen je verschiedene Dialekte der gleichen Sprache, soweit es um den Menschen und um das Ziel des Lebens ging. Hinsichtlich Politik und Wirtschaft sagte Eckhart überhaupt nichts, während die Sprache von Marx die der klassischen Ökonomisten war.

Diese allgemeinen Bemerkungen über die Beziehung von Marx zur Religion ergaben sich fast zwangsläufig bei der Erörterung des eigentlichen Themas, der Ansichten von Marx und Eckhart zu Haben und Sein. Natürlich sind sie zu oberflächlich und knapp, um dem Problem „Marxismus und Religion“ gerecht zu werden. In meisterhafter Weise hat sich Ernst Bloch vor allem in seinem Buch *Atheismus im Christentum* (E. Bloch, 1968) damit befaßt.

Mit großem Einfühlungsvermögen und in einer oft wunderbaren poetischen Sprache zeigt Bloch den atheistischen Charakter des wahren Christentums auf – die ersten Christen wurden an Neros Hof „atheoi“ genannt – und formuliert in überzeugender Weise das scheinbare Paradoxon: „Nur ein Atheist kann ein guter Christ sein; gewiß aber auch: nur ein Christ kann ein guter Atheist sein.“ (E. Bloch, 1968, S. 24.) Dieses Paradoxon – es steht als Provokation in der Einleitung zum Buch – wird von ihm dann entfaltet und aufgearbeitet. Das Ergebnis, zu dem Bloch in allgemeinen Begriffen kommt, deckt sich mit dem, das ich im Blick auf Marx und Eckhart skizziert habe: nicht-entfremdetes Christentum und nicht-entfremdeter Marxismus proklamieren das gleiche Prinzip: „Wenn christlich die Emanzipation der Mühseligen und Beladenen wirklich noch gemeint ist, wenn marxistisch die Tiefe des Reichs der Freiheit wirklich substanziierender Inhalt des revolutionären Bewußtseins bleibt und wird, dann wird die Allianz zwischen Revolution und Christentum in den Bauernkriegen nicht die letzte gewesen sein – diesmal mit Erfolg. ... Es vereinigen sich dann Marxismus und Traum des Unbedingten im gleichen Gang und Feldzugsplan.“ (E. Bloch, 1968, S. 353f.)

Literatur

Baader, F. von, *Sämtliche Werke*, herausgegeben von F. Hoffmann, 16 Bände, 1851–1860, Nachdruck 1963.

Becker, C. L., 1946: *Der Gottesstaat der Philosophen des 18. Jahrhunderts*, Würzburg (Ferdinand Schöningh) 1946.

Bloch, E., 1968: *Atheismus im Christentum. Zur Religion des Exodus und des Reichs*, Frankfurt am Main (Suhrkamp Verlag) 1968.

Brzezinski, Z., 1968: „The Technotronic Society", in: *Encounter*, Band 30 (Januar 1968), S. 19.

Butler, S., 1929: *Weg des Fleisches*, 2 Bände, Wien (Phaidon Verlag) 1929.

Cassirer, E., 1932: *Die Philosophie der Aufklärung*, Tübingen (Verlag Mohr) 1932.

Dionysius Areopagita, *Mystische Theologie und andere Schriften. Mit einer Probe aus der Theologie des Proklus* (= Weisheitsbücher der Menschheit, herausgegeben von Jean Gebser) München (Otto Wilhelm Barth-Verlag) 1956.

Eckhart, Meister, 1969: *Deutsche Predigten und Traktate*, herausgegeben und übersetzt von Josef Quint, München (Carl Hanser Verlag) 1969.

Fichte, J. G., 1911: „Die Grundzüge des gegenwärtigen Zeitalters", in: *J. G. Fichtes Werke. Auswahl in sechs Bänden*, herausgegeben und eingeleitet von Fritz Medicus, Band 4, Leipzig (Felix Meiner) 1911.

Fromm, E.: *Gesamtausgabe* (GA), herausgegeben von Rainer Funk, Stuttgart 1980/81 (Deutsche Verlags-Anstalt); München 1989 (Deutscher Taschenbuch Verlag):

– 1932a: „Über Methode und Aufgabe einer Analytischen Sozialpsychologie. Bemerkungen über Psychoanalyse und historischen Materialismus", GA I, S. 37–57.

– 1941a: *Die Furcht vor der Freiheit (Escape from Freedom)*, GA I, S. 215–392.

– 1947a: *Psychoanalyse und Ethik. Bausteine zu einer humanistischen Charakterologie (Man for Himself)*, GA II, S. 1–157.

– 1955a: *Wege aus einer kranken Gesellschaft (The Sane Society)*, GA IV, S. 1–254.

– 1959a: *Sigmund Freud. Persönlichkeit und Wirkung (Sigmund Freud's Mission)*, GA VIII.

– 1961b: *Das Menschenbild bei Marx (Marx's Concept of Man. With a Translation of Marx's Economic and Philosophical Manuscripts* by T. B. Bottomore), GA V, 335–393.

– 1962a: *Jenseits der Illusionen (Beyond the Chains of Illusion. My Encounter with Marx and Freud)*, GA IX, S. 37–155.

– 1963f: „Humanismus und Psychoanalyse", GA IX, S. 3–11.

– 1964a: *Die Seele des Menschen. (The Heart of Man. Its Genius for Good and Evil)*, GA II, S. 159–268.

– 1966a: *Ihr werdet sein wie Gott. Eine radikale Interpretation des*

Alten Testaments und seiner Tradition (You Shall Be As Gods. A Radical Interpretation of the Old Testament and Its Tradition), GA VI, S. 83–226.

– 1966b: „Die Grundpositionen der Psychoanalyse“, in: *Fortschritte der Psychoanalyse*. Internationales Jahrbuch zur Weiterentwicklung der Psychoanalyse, Vol. II, Göttingen (Verlag für Psychologie Hogrefe) 1966, S. 19–32; GA VIII, S. 35–45.

– 1968g: „Einleitung“ („Introduction,“ in: Erich Fromm and Ramón Xirau (Hrsg.): *The Nature of Man*. Readings selected, edited and furnished with an introduction by Erich Fromm and Ramón Xirau, New York (Macmillan) 1968, S. 3–24), GA IX, S. 375–391.

– 1968h: „Marx' Beitrag zum Wissen vom Menschen“ („Marx's Contribution to the Knowledge of Man“), GA V, S. 421–432.

– 1972b: „Einige post-marxsche und post-freudsche Gedanken über Religion und Religiosität“, GA VI, S. 293–299.

– 1973a: *Anatomie der menschlichen Destruktivität (The Anatomy of Human Destructiveness)*, GA VII.

– 1976a: *Haben oder Sein. Die seelischen Grundlagen einer neuen Gesellschaft (To Have Or to Be?)*, GA II, S. 269–414.

– 1989a: *Vom Haben zum Sein. Wege und Irrwege der Selbsterfahrung* (Schriften aus dem Nachlaß, herausgegeben von Rainer Funk, Band 1), Weinheim und Basel (Beltz Verlag) 1989.

– 1990b: *Ethik und Politik. Antworten auf aktuelle politische Fragen* (Schriften aus dem Nachlaß, hrsg. von Rainer Funk, Band 4), Weinheim und Basel (Beltz Verlag) 1990.

– 1991 b: *Die Pathologie der Normalität. Zur Wissenschaft vom Menschen* (Schriften aus dem Nachlaß, hrsg. von Rainer Funk, Band 6), Weinheim und Basel (Beltz Verlag) 1991.

– 1991 h [1974]: „Ist der Mensch von Natur aus faul?“, in: E. Fromm, 1991 b, S. 145–197.

Goethe, J. W. von, 1952: *West-östlicher Divan*, herausgegeben von der Deutschen Akademie der Wissenschaften zu Berlin, Teil 2: Noten und Abhandlungen, Berlin (Akademie Verlag) 1952.

Herder, J. G., 1877: *Ideen zur Philosophie der Geschichte der Menschheit, in: Sämtliche Werke*, herausgegeben von Bernhard Suphan, Berlin 1877 ff., Band 13.

Hesiod, 1970: *Sämtliche Gedichte*, übersetzt und erläutert von Walter Marg, Zürich und Stuttgart (Artemis Verlag) 1970.

Huxley, A., 1946: *Brave New World*, London (The Vanguard Library) 1946; deutsch: *Schöne neue Welt*, Frankfurt und Hamburg (S. Fischer Verlag) 1955.

Kahn, H., 1960: *On Thermonuclear War*, Princeton (Princeton University Press) 1960.

– 1967: *The Year 2000. A Framework for Speculation on the Next Thirty-Three Years*, New York (Macmillan Co.) 1967; deutsch: *Ihr werdet es erleben. Voraussagen der Wissenschaft bis zum Jahr 2000*, Wien (Molden Verlag) 1968.

Korff, H. A., 1958: *Geist der Goethezeit*, 4 Bände, Leipzig (Koehler und Amlang) 1958.

Lao-Tse, 1967: *Tao-Te-King. Das heilige Buch vom Weg und von der Tugend*, Übersetzung, Einleitung und Anmerkungen von G. Debon, Stuttgart (Philipp Reclam jun.) 1967.

Lobkovicz, N., 1967: *Theory and Practice: History of a Concept from Aristotle to Marx*, Notre Dame (Indiana) / London (University of Notre Dame Press) 1967.

Marx, K.: *Karl Marx und Friedrich Engels, Historisch-kritische Gesamtausgabe* (= MEGA). Werke – Schriften – Briefe, im Auftrag des Marx-Engels-Lenin-Instituts Moskau, herausgegeben von V. Adoratskij, 1. Abteilung: Sämtliche Werke und Schriften mit Ausnahme des Kapital, zit. I, 1–6, Berlin 1932; – *Karl Marx und Friedrich Engels: Werke* (= MEW), herausgegeben vom Institut für Marxismus-Leninismus beim ZK der SED, Berlin (Dietz Verlag):

– *Ökonomisch-philosophische Manuskripte (1844)*, MEGA I, 3, S. 33–172; MEW Erg. I.

– *Die heilige Familie*, MEGA I, 3, S. 173–388; MEW 2.

– *Zur Kritik der Hegelschen Rechtsphilosophie*, MEGA I, 1, 1, S. 607–621; MEW 1.

– *Die deutsche Ideologie*, MEGA I, 5; MEW 3.

– *Manifest der kommunistischen Partei (1848)*, MEGA, I, 6, S. 525–557; MEW 4.

– *Das Kapital (1894)*, 3 Bände, MEW 23 bis 25.

Marx, K., 1971: *Die Frühschriften*, hrsg. von Siegfried Landshut (= Kröners Taschenausgabe 209), Stuttgart (Kröner Verlag) 1971.

Mauthner, F., 1920: *Der Atheismus und seine Geschichte im Abendlande*, Stuttgart und Berlin (Deutsche Verlagsanstalt) 1920, Band 1.

Mieth, D., 1969: *Die Einheit von vita activa und vita contemplative in den deutschen Predigten und Traktaten Meister Eckharts und bei Johannes Tauler* (= Studien zur Geschichte der katholischen Moraltheologie, herausgegeben von Michael Müller, Band 15), Regensburg (Verlag Friedrich Pustet) 1969.

– 1972: *Christus, das Soziale im Menschen. Texterschließungen zu Meister Eckhart* (= Topos Taschenbücher, Band 4), Düsseldorf (Patmos Verlag) 1972.

Mumford, L., 1967: *The Myth of the Machine, Techniques und Human Development*, New York (Harcourt Brace Jovanovich) 1967; deutsch: *Mythos der Maschine*, Wien (Europaverlag) 1974.

Nambara, M., „Die Idee des absoluten Nichts in der deutschen Mystik und seine Entsprechungen im Buddhismus", in: *Archiv für Begriffsgeschichte*. Bausteine zu einem Historischen Wörterbuch der Philosophie, Band 6, Bonn (H. Bouvier und Co.) 1960, S. 143–277.

Pfeiffer, F., 1924: *Meister Eckhart*, herausgegeben von Franz Pfeiffer (= Deutsche Mystiker des 14. Jahrhunderts, Band 2), 4. Aufl., Göttingen 1924.

Quint, J., 1969: *Deutsche Predigten und Traktate*, herausgegeben und übersetzt von Josef Quint, München (Carl Hanser Verlag) 1969.

Scholem, G., 1963: „Zum Verständnis der Messianischen Idee im Judentum, in: *Judaica*, Frankfurt (Suhrkamp Verlag, Bibliothek Suhrkamp 106) 1963.

Schopenhauer, A., 1911: *Die Welt als Wille und Vorstellung*. Werke, herausgegeben von Paul Deussen, Band 2, München 1911 ff.

Sophokles: *Antigone*, in: W. H. Friedrich (Hrsg.), *Griechische Tragiker*, ins Deutsche übersetzt von K. W. F. Solger, München (Winkler-Verlag) o. J., S. 313–354.

Spengler, O., 1918–1922: *Untergang des Abendlandes*, 2 Bände, München 1918 und 1922.

Stephenson, G., 1954: *Gottheit und Gott in der spekulativen Mystik Meister Eckharts*. Dissertation. Vergleichende Religionswissenschaft Universität Bonn, Bonn 1954.

Stern, F., *Gold and Iron*, New York (Alfred A. Knopf) 1977.

Suzuki, D. T., 1957: *Mysticism: Christian and Buddhist* (World Perspectives Series 12), New York (Harper and Row) 1957.

Ueda, S., 1965: *Die Gottesgeburt in der Seele und der Durchbruch der Gottheit*. Die mystische Anthropologie Meister Eckharts und ihre Konfrontation mit der Mystik des Zen-Buddhismus, Gütersloh (Gütersloher Verlagshaus Gerd Mohn) 1965.

Personen- und Sachregister

Erich Fromm

SCHRIFTEN AUS DEM NACHLASS

In einer achtbändigen Edition bei Beltz

Band 1
Vom Haben zum Sein

Band 2
Das jüdische Gesetz

Band 3
Die Entdeckung des gesellschaftlichen Unbewußten

Band 4
Ethik und Politik

Band 5
Von der Kunst des Zuhörens

Band 6
Die Pathologie der Normalität

Band 7
Vorlesungen zur Psychoanalyse

Band 8
Humanismus als reale Utopie